ULRICH KELLERER

DER MOMENT DEINES LEBENS!

Wahre Geschichten von Menschen, die das Schicksal als Chance nahmen

Mit einem Vorwort von Jack Canfield, Autor der Weltbestseller-Buchreihe »Hühnersuppe für die Seele«®

Über den Autor:

Nach dem Gymnasium ging Ulrich Kellerer für einen sechsmonatigen Arbeitsaufenthalt nach Frankreich. Seit dieser Zeit gehören das Reisen, das Kennenlernen fremder Länder, das Sammeln neuer Eindrücke und der Kontakt mit den unterschiedlichsten Menschen zu seinen großen Lebenspassionen.

Er begann seine berufliche Laufbahn in der Modebranche in den frühen 1980er Jahren. Sein herausragendes verkäuferisches Talent und seine charismatische Persönlichkeit bildeten die Basis für seine fulminante Karriere als Vertriebs- und Produktmanager, später als CEO und Teilhaber verschiedener exklusiver Modemarken, bis hin zur Gründung eines eigenen Unternehmens.

2012 besuchte Ulrich Kellerer ein Seminar mit Steve Harrison in Philadelphia und machte dort Bekanntschaft mit dem US-Bestsellerautor Jack Canfield, der ihn dazu ermutigte, Bücher zu schreiben. Die Idee zu Ulrich Kellerers erstem Buch »It's all about fashion« entstand – es war der Auftakt zu einem ganz neuen Lebensabschnitt: Kurz darauf entschloss er sich, seiner Berufung zu folgen und sich fortan ganz dem Schreiben von Büchern zu widmen.

Im Jahr 2013 hat Ulrich Kellerer in einem Seniorenheim, in dem bis vor wenigen Monaten seine Mutter lebte, einen Literaturkreis etabliert: Er liest dort bis heute einmal pro Woche ehrenamtlich für die Bewohner!

Dieses Buch ist meinem Zwillingsbruder Thomas gewidmet, der nur zwanzig Minuten vor mir das Licht der Welt erblickte.

In nur einem einzigen Augenblick hat sich sein Leben vollständig verändert.

Mögen ihm und meinem Bruder Ralf sowie meiner Mutter und meinem Vater neue Dimensionen offenstehen, bis wir uns eines Tages wieder begegnen.

INHALT

INHALT

Das ist es, worum es im Leben geht: Veränderung ...

von JACK CANFIELD,
Autor der Weltbestseller-Buchreihe
»Hühnersuppe für die Seele«®

Fast mein ganzes Leben lang beschäftigt mich schon die Frage, wodurch erfolgreiche Menschen erfolgreich sind. Machen sie etwas anders als andere? Sind sie klüger, schneller, rationaler, organisierter, kreativer, begabter – oder einfach »Glückspilze« oder »vom Schicksal begünstigt«?

Aber was ist das überhaupt: Erfolg? Bedeutet das Wort nicht für jeden etwas anderes? Leider neigen wir häufig dazu, Erfolg ausschließlich als Erfolg im Beruf wahrzunehmen. Oder vielleicht gerade noch als Erfolg beim anderen Geschlecht.

Ganz grundsätzlich betrachtet, stellt es sich für mich so dar: Erfolgreiche Menschen reagieren meist positiver und aktiver auf Veränderung als andere. Oft führen sie Veränderungen auch selbst herbei. Klingt simpel, nicht wahr?

Wie aber soll man mit einer Veränderung umgehen, die innerhalb weniger Momente in unser Leben eingreift und es auf den Kopf stellt? Was nützen uns dann zum Beispiel all die großartigen Methoden und Techniken des »Change Management«?

Wenn uns Rückschläge beruflicher oder privater Art den Boden unter den Füßen wegziehen. Wenn durch einen Todesfall oder eine Trennung in unserem Leben von einer Sekunde auf die andere nichts mehr so ist wie zuvor. Was sollen wir tun, wenn uns aus heiterem Himmel unsere große, schicksalhafte Lebensliebe begegnet – und wir vielleicht gar nicht bereit sind für sie? Oder wenn ein spektakulärer Erfolg uns zwar beglückt, aber uns ungewollt ins Zentrum der Aufmerksamkeit rückt, uns fordert oder uns zwingt, unsere Lebensumstände dramatisch zu ändern?

Vor einigen Jahren machte ich in Philadelphia während eines Seminars die Bekanntschaft von Ulrich Kellerer, der mir auf Anhieb sympathisch war und mich durch die Ernsthaftigkeit und Offenheit beeindruckte, mit der er mir aus seinem Leben erzählte. Und was für ein Leben dieser Mann führte! Extrem erfolgreicher Modeunternehmer, mitfühlender Sohn und hingebungsvoller Ehemann sowie sozial engagierter Mitbürger gleichermaßen.

»Ulrich the German«, wie wir ihn auf dem Seminar respektvoll und mit einem Augenzwinkern nannten, gewährte mir Zugang zu seinen Gedanken, Überzeugungen und Zielen, die mir einigen Respekt einflößten. Ich empfahl ihm schließlich eindringlich, seine Lebensthemen in Buchform zu gießen und anderen Menschen zur Inspiration zugänglich zu machen.

Ich bin stolz darauf, dass Ulrich meinem Rat nicht nur vertrauensvoll gefolgt ist, sondern dass er seinen Lesern gerade dieses großartige Thema anbietet: Ein einziger Moment kann dein Leben verändern!

Das Buch von Ulrich Kellerer, das Sie, liebe Leserin und lieber Leser, hier in den Händen halten, kann Ihr Leben verändern. Ulrich hat erstaunliche Geschichten von ganz normalen Menschen für uns gesammelt, zusammengestellt und feinfühlig kommentiert. Dies ist ein Schatzkästchen, ja fast schon eine literarische Therapiestunde.

Es geht in Ulrichs Buch um Menschen, deren Leben sich innerhalb weniger Momente teilweise dramatisch verändert hat. Und vor allem geht es darum, wie die Veränderungen angenommen wurden – manchmal aus vollem Herzen, manchmal beglückt, manchmal auch nur widerwillig oder sogar unter Qualen. Aber in allen Fällen zeigt sich, dass der aktive Umgang mit der Veränderung das Leben unterm Strich mindestens bereichert, oft aber um ein Vielfaches verbessert hat.

Ulrich Kellerer hat für uns Geschichten ausgewählt, die gleichermaßen unser Herz und unseren Verstand ansprechen. Die uns ermutigen, uns Trost spenden, uns zum Nachdenken bringen, uns inspirieren. Und die uns vor allem zeigen, dass wir mit unseren Problemen nicht allein sind.

Denn in jeder Veränderung einer Lebenssituation liegt eine Chance. Für jeden von uns!

Ich wünsche Ihnen, liebe Leserin und lieber Leser, ein glückliches Leben.

Herzlich,
Ihr Jack Canfield
Herbst 2016

Ein einziger Moment kann dein Leben verändern!

von ULRICH KELLERER

Wir leben in einer Zeit, in der sich das Leben so rasant entwickelt wie nie zuvor. Geschwindigkeit scheint oberste Maxime zu sein. »Noch schneller, noch weiter, noch höher!« – so definieren wir unsere Ziele. Kaum finden wir die Zeit oder gar die Muße, innezuhalten und nachzudenken, woher wir kommen und wohin wir wollen. Was ist wirklich unsere Bestimmung in diesem Leben, auf dieser Welt?

Sind es tatsächlich die materiellen Dinge, die uns glücklich machen? Hat der Einzelne die Möglichkeit, ein selbstbestimmtes Leben zu führen? Sind uns nicht allen bestimmte Fähigkeiten gegeben, unser Leben lebenswert zu führen? Verfügen wir nicht alle über Intuition, eine innere Stimme und ein Gespür dafür, was richtig und was falsch ist?

Meine Motivation, dieses Buch zu schreiben, bestand in den zahlreichen Gesprächen, die ich mit so vielen Menschen geführt habe. Dabei wurde mir klar, dass jeder über eine ganz persönliche Geschichte verfügt und diesen Moment erlebt hat, in dem sich alles in seinem Leben änderte.

Die wichtigste Fähigkeit des Menschen ist die Fähigkeit zur Kommunikation, und wir alle sollten unsere Geschichte erzählen, um anderen Menschen zu helfen, sie zu inspirieren und zu motivieren.

Bei allen in diesem Buch geschilderten Erlebnissen handelt es sich um wahre Geschichten. Es sind Geschichten von ganz normalen Menschen unterschiedlichen Alters und unterschiedlicher Herkunft. Und hier beginnt meine Geschichte:

Unser Zuhause war der Bauernhof im Voralpenland von Bayern, der schon seit Generationen von unserer Familie bewohnt und bewirtschaftet wurde. Mein Vater war Reporter und Redakteur bei einer lokalen Tageszeitung. Meine Mutter widmete ihre gesamte Zeit und Liebe den drei Söhnen, meinem großen Bruder und uns Zwillingen, von denen ich der jüngere war.

Mein Vater hatte nie Ambitionen, den Bauernhof einmal zu übernehmen, und so zogen wir schließlich in eine Kleinstadt in Bayern. Unser Leben war harmonisch und meine ersten Jahre im Kreis der Familie sehr behütet. Bis zu dem Moment, in dem sich alles änderte.

Mein Zwillingsbruder Thomas und ich mussten im Alter von vier Jahren zur Schluckimpfung gehen, das war damals nicht nur üblich, sondern für alle

Kleinkinder verpflichtend. Was von den Ärzten jedoch tragischerweise nicht erkannt wurde: Thomas befand sich in der Inkubationszeit einer Masernerkrankung, und der daraus folgende Impfschaden verursachte bei ihm eine Epilepsie und machte ihn zum geistig behinderten Menschen.

Anderthalb Jahre Klinikaufenthalte in der großen Stadt München musste Thomas überstehen. Unsere Mutter versuchte, so oft wie möglich bei ihm zu sein. Mit der Bahn oder per Anhalter war sie dann immer den ganzen Tag unterwegs. Thomas konnte nicht begreifen, was geschehen war, und warum ihn seine Mami nicht nach Hause holte.

Die Ärzte gaben ihm keine Chance. Er werde niemals einen Kreis zeichnen können, geschweige denn lesen und schreiben lernen.

Aus dieser Not heraus und um andere betroffene Familien zu unterstützen, gründeten meine Eltern eine gemeinnützige Initiative: die »Lebenshilfe e. V. für geistig und körperlich behinderte Kinder« in Rosenheim.

Anders als die Ärzte, von denen keiner an eine Besserung glaubte, gab unsere Mutter nie auf: Ihr war es zu verdanken, dass Thomas alle Hilfe und Unterstützung bekam, die er benötigte. Sie war es auch, die ihn so weit brachte, dass er schließlich sogar lesen und schreiben lernte. Regulärer Schulunterricht kam allerdings für ihn nicht in Frage, und so wurde er in einer Schule für geistig und körperlich behinderte Kinder mit einer angeschlossenen »beschützenden

Werkstatt« unterrichtet, wo nach der Schulausbildung auch ein handwerklicher Beruf erlernt werden konnte.

Mein Zwillingsbruder begriff schon früh, dass sein Leben sich ohne eigenes Zutun von einem Moment auf den anderen komplett verändert hatte. Seine Brüder gingen ganz normal zur Schule, hatten Freunde und Freundinnen und konnten all die Dinge haben, von denen er nur träumte. Es war sehr schmerzhaft für ihn, erkennen zu müssen, dass so ein Leben nicht für ihn bestimmt war.

Doch wie immer fügt sich der Mensch, und man war dankbar für die positiven Momente.

Aber ich möchte noch eine weitere Geschichte erzählen – es ist meine eigene. Und auch hier geht es um Geschehnisse, die mein Leben auf einen Schlag verändert haben und bis heute in mir nachwirken.

Als ich sechzehn Jahre alt war, erkrankte mein Vater, der täglich sechzig Zigaretten rauchte. Die Diagnose: Kehlkopfkrebs. Er musste operiert werden, und man entfernte ihm dabei den kompletten Kehlkopf. Als ich ihn kurz nach seiner Operation besuchte, wollte mein Vater sich irgendwie verständlich machen. Er versuchte zu sprechen, doch es kam nur Luft aus dem Loch in seinem Hals, und er war wütend und aufgebracht, weil er ihn einfach nicht verstehen konnte. Für ihn und mich war dies wohl einer der schlimmsten Augenblicke im Leben.

Heulend und am Boden zerstört, rannte ich durch die Krankenhausflure zum Ausgang. Am nächsten

Morgen dann lag ich im Bett und betete zu Gott, er solle mich doch schon zu Lebzeiten ein paar Sünden büßen lassen. Ich wolle einen Beitrag leisten und meinem Vater irgendwie einen Teil seiner Schmerzen abnehmen.

Anschließend brach ich wie jeden Tag in die Schule auf und vergaß mein Gebet. Doch auf dem Weg quälten mich plötzlich extreme Bauchkoliken, und ich war nicht einmal mehr in der Lage, aufrecht zu gehen. Mehr oder weniger auf allen vieren kroch ich die Straße entlang, und kurz vor der Schule riefen meine Kameraden dann den Notarzt. Ich vermutete eine Blinddarmentzündung. Ein Krankenwagen brachte mich in die Notaufnahme, meine Mutter kam herbeigeeilt, und dann mussten wir drei Stunden lang auf die Diagnose warten: Entzündung der Bauchspeicheldrüse!

Die Ärzte wollten mir starken Alkoholkonsum unterstellen, doch meine Mutter wehrte sich bis zum Äußersten und beharrte zornig, dass dies auf keinen Fall der Grund sein könne. Die Schmerzen waren unerträglich und man brachte mich endlich auf die Intensivstation. Das Letzte, woran ich mich erinnern konnte, waren sieben Ärzte, die mich umringten. Mein Kiefer sprang aus dem Gelenk, ich lallte wie ein Baby und fiel ins Koma.

Was dann folgte, war das schönste Erlebnis meines jungen Lebens. Farben, die ich nie zuvor gesehen hatte, erschienen mir, und ich hörte eine Musik, die es auf Erden nicht gab. Dann gelangte ich an ein Tor, wo eine Stimme mich fragte, ob ich durch das

Tor kommen oder lieber auf die Erde zurückkehren wolle.

Ich wusste sofort und ohne jeden Zweifel: Das musste Gott sein. Ein unendliches Glücksgefühl durchströmte mich. Unbedingt wollte ich durch das Tor gehen – aber ich war erst sechzehn Jahre jung! Und ich musste doch meinen Eltern und meiner Freundin von diesem überirdischen Erlebnis berichten. Also entschied ich mich dafür, ins Leben zurückzukommen.

Für die Ärzte glich es einem medizinischen Wunder, als ich nach vier Tagen wieder aus dem Koma erwachte. Sie hatten meiner Mutter bereits dringend empfohlen, alles für die Beerdigung vorzubereiten, da sich die Bauchspeicheldrüse als einziges Organ sozusagen »selbst verdaut«, wenn sie so akut entzündet ist wie in meinem Fall.

Kurz darauf wurde ich aus der Klinik entlassen und genoss mein neues Leben in vollen Zügen. Doch dann hatte ich plötzlich immer wieder Träume, die von Unfällen und Todesfällen handelten – und die sich alle bewahrheiteten.

Da gab es diese Déjà-vu-Gefühle kurz vor Unglücksfällen, immer wusste ich: Jetzt wird gleich etwas passieren. Bald schon wurde ich wegen dieser Ahnungen und Vorhersagen im Bekanntenkreis zum Außenseiter. Meine Freunde distanzierten sich mehr und mehr von mir, ich war ihnen unheimlich. Zuerst scherzhaft, dann immer feindseliger forderten sie: »Träum ja nicht von mir!«

Ich kam damit überhaupt nicht klar. Ich wollte doch ein ganz normales Leben führen, wollte sein wie alle anderen! Also unterdrückte und negierte ich meine beunruhigenden Fähigkeiten und hörte auf, meine Träume aufzuschreiben und zu analysieren.

Nach dem Abschluss meiner Ausbildung zum Kaufmann ließ ich mich für ein halbes Jahr an einen Auslandsstandort meiner Firma versetzen, um dort zu arbeiten, und vor allem auch, um auf Distanz zu Deutschland – und zu meiner Spiritualität – zu gehen.

In Frankreich war ich in dem Unternehmen dafür verantwortlich, die Papiere für Lebensmittel auszustellen, die dort produziert wurden. Nachdem ich festgestellt hatte, dass die meisten dieser Lebensmittel mit Wasser gestreckt wurden, bat ich um ein Gespräch bei meinem deutschen Arbeitgeber. Dort versicherte man mir, dass dies alles legal sei und Frankreich eben andere Gesetze habe. Ich verdiente doch gutes Geld, bekäme eine Prämie und hätte sogar eine Firmenwohnung zur Verfügung ...

Aber ich konnte das alles nicht mit meinem Gewissen vereinbaren, und so kündigte ich und war zum ersten Mal im Leben arbeitslos. Die Wohnung in Frankreich räumte ich an einem Wochenende aus und wurde sofort von der Firma freigestellt.

Damit begann die Phase der Bewerbungen. Die Welt der Mode bewunderte ich schon lange, und es war mein großes Ziel, in der Modebranche eine Beschäftigung zu finden.

Kurz drauf erhielt ich den Tipp eines Freundes, dass der Chef der Firma »Marc O'Polo« eine zweite Bekleidungskollektion mit Jeans aus Italien vertreiben wolle und noch Vertreter für die einzelnen deutschen Bundesländer gesucht würden. Also bewarb ich mich für das Gebiet Bayern – und wurde eingestellt.

Finanziell war es ein Rückschritt. Da ich jedoch keine Erfahrungen in der Textilbranche hatte, musste ich ganz unten auf der Karriereleiter anfangen. Und so verbrachte ich meine dreimonatige Probezeit im Lager. Mein Chef erkannte schon bald, dass ich sein bester Lagerarbeiter war, und gab mir die Möglichkeit, mit einem langjährigen erfahrenen Handelsvertreter zu Kunden in Bayern zu reisen, um mich als neuer Außendienstkollege für die italienische Jeansmarke »Mason's« vorzustellen.

Innerhalb kurzer Zeit wurde ich ein äußerst erfolgreicher Außendienstmitarbeiter, mein Gehalt und die Provisionen stiegen von Monat zu Monat. Immer tolle Kleidung, ein Firmenwagen, die Reisen, die Messen in fremden Städten, der Umgang mit schönen Frauen – all das faszinierte mich über die Maßen.

Es war wie ein Traum und so ganz anders als meine harte Arbeit zuvor. Die Welt der Oberflächlichkeit hatte mich fest im Griff, und ich genoss Partys, Diskotheken, Frauen und Alkohol. Alles schien perfekt, meiner Karriere in der Modebranche stand nichts mehr im Weg.

Ganz weit weg war die innere Stimme, die mir immer sagte und zeigte, was richtig war und was falsch, und die mich zur Verantwortung rief.

Doch wenden wir uns zunächst anderen Geschichten zu, in denen Menschen erleben mussten, wie sich in einem einzigen Augenblick ihr Dasein veränderte.

Der letzte Sprung

von STEFAN F.

»Glauben Sie mir – ich wollte wirklich springen!«, sagte ich zu Margarete. Sie wurde soeben zur aufmerksamen Zuhörerin meiner eigenen unglaublichen Lebensgeschichte.

»Aber Sie sind doch so ein fröhlicher und gut gelaunter Mann! Ich kann mir das gar nicht vorstellen«, erwiderte sie, diese schmale ältere Frau, die links neben mir saß.

Ich war mit ihr zufällig auf meiner Fahrt von München nach Berlin ins Gespräch gekommen. Da wir ein Abteil im Zug teilten und sie von der ersten Sekunde an recht redselig war, fiel mir das Gespräch mit der sehr sympathischen, sorgfältig frisierten und elegant gekleideten Dame nicht schwer.

Sicher kennen Sie diesen Typ Mensch, dem man ohne nachzudenken und ohne zu zögern gern seine Lebensgeschichte anvertraut, so wie ich es gerade eben tat. Dabei neige ich normalerweise eher dazu, Dinge für mich zu behalten, doch ihre mütterliche Ausstrahlung war der Schlüssel zu meinem eher verschlossenen Wesen.

»Danke für das Kompliment, das ist sehr nett, aber glauben Sie mir, ich wollte es wirklich tun. Am Ende wurde dieser Moment aber zum Wendepunkt in meinem Leben.« Frau Margarete Sch., so lautete der Name meiner Abteilnachbarin, wollte sofort darauf reagieren, doch höflich und sehr damenhaft legte sie stattdessen einfach die Hand auf den Mund.

Aber noch einmal ganz von Anfang an.

Es war der 24. Dezember, Heiligabend, und fünf Tage nach meinem sechsunddreißigsten Geburtstag. Es war kein schöner Tag: Nicht nur das Wetter schien sich mit Schneeregen, Kälte und Nebel der Depression verschrieben zu haben. Auch ich selbst war mit den Nerven am Ende, fühlte mich trostlos. Ich sah mich als Versager. Wer mich kennt, weiß meist nichts von der Existenz meiner dunklen Seite, die an diesem Tag wieder einmal, einem Vulkan ähnlich, ihre verkrustete Haut aufsprengte und mich mit Haut und Haaren in die glühende Lava meiner verdorbenen Gefühlswelt schleuderte.

Aber ja, es gab sie, diese verdammten Tage, deren Vorzeichen ich nicht wahrhaben wollte, die aber bereits unaufhaltsam auf mich zurollten und mein Gemüt verfinsterten. Ich hatte diese prekären Lebensumstände, in denen ich mich zu der Zeit befand, nicht selbst schaffen wollen, sie aber dennoch immer wieder provoziert.

An jenem Tag sogar in potenzierter Form. Eine meiner ernsthafteren, engeren Beziehungen war gescheitert – wieder einmal –, und dadurch war eine Familie zerstört worden, ein weiteres meiner Kinder war mit einer schmerzhaften Trennung konfrontiert, etwas, das ich immer zu vermeiden versucht hatte. Ich hatte zugesehen und es kommen geahnt. Ich wollte noch rechtzeitig umkehren, wusste aber nicht, wohin.

Ich wollte gegensteuern, befand mich aber ohne Kompass und Beleuchtung im Nebel fremder Ratschläge und verharrte dabei in der Ratlosigkeit. Am Ende zerschellte mein Schiff in meinem eigenen, scheinbar sicheren Hafen.

Solch ein Nebel zog auch an diesem vermeintlich glücklichen Weihnachtstag wieder auf. Es war sieben Uhr abends, der Mond hatte bereits seine herrschaftliche Position am Himmel eingenommen und spendete zusammen mit ein paar Straßenlaternen ein wenig Restlicht, das in mein Autofenster schien. Die Kälte draußen war in den letzten Stunden bis auf den Gefrierpunkt gesunken. Bis gerade eben war ich im Büro gewesen – mich ablenken und an etwas anderes denken. Als ob das so einfach wäre! Gerade zu dieser Jahreszeit entkommt man nämlich dem Anblick glücklicher Familien nicht. Sofern man überhaupt eine hat. Geschweige denn eine, die einen liebt, in einem wohligen Zuhause.

Ich hatte nichts mehr von all dem, ich war quasi obdachlos, mittellos und familienlos. Nach meiner Trennung bin ich in eine kleine Hütte von Bekannten gezogen. Die hatten sie mir freundlicherweise überlassen, da ich so schnell nichts anderes finden konnte. Finanziell lag ich schon seit einigen Monaten am Boden.

Mein Gehalt sicherte gerade einmal den Unterhalt meiner Kinder und ließ für mich kein normales Leben zu. Ja, Kinder hatte ich auch noch, nur nicht mehr bei mir. Sie waren bei ihren Müttern und Großeltern – also bei ihren Familien eben. Und bitte nicht von der Mehrzahl »Mütter« irritieren lassen, denn es waren tatsächlich zwei. Zwei Frauen, je ein Kind, je eine gescheiterte Beziehung. Ich war die einzige Konstante in diesem verdammten Spiel. Diese Tatsache ließ mich an mir selbst zweifeln, insbesondere an meiner Fähigkeit, eine Beziehung zu führen und eine Familie zu erhalten.

Im Winter war es in meiner Hütte immer sehr kalt, die Heizung lief nicht richtig, und ich wollte an diesem Tag niemanden stören, um nach Hilfe zu fragen. Deshalb hatte ich mich ins Auto gesetzt und war losgefahren. Mit laufender Sitzheizung und aufgedrehter Klimaanlage fuhr ich zuerst für ein paar Stunden ins Büro und danach ziellos in der Gegend herum. Das Radio hatte ich vorsichtshalber ausgeschaltet, denn die weihnachtlichen Klänge trieben meine Melancholie wie einen Ochsen übers Feld vor sich her.

Als Scheidungskind war der Umgang mit meiner eigenen Familie leider immer schon etwas schwierig, da ich mich stets zu sehr in das Zerwürfnis und die Streitereien zwischen meinen Eltern hatte hineinziehen lassen und mich vielleicht sogar schuldig gefühlt hatte. Deshalb hatte ich ein paar Monate zuvor den Kontakt zu meiner Mutter aus reinem Selbstschutz abgebrochen, denn ich wusste nicht mehr, wer sie wirklich war.

Gefangen in ihren eigenen Problemen, versuchte sie fortwährend, mich zu manipulieren, gegenzusteuern und mich mit einem latenten Vorwurf, welcher Art auch immer, in die richtige, also ihre Richtung zu lenken. Lange hatte ich es nicht bemerkt, lange geschwiegen – und dann gehandelt. Doch es war zu spät für mich selbst oder mein Familienglück, denn ihre Manipulationen hatten bereits ihr Gift auf meine aktuelle Partnerschaft versprüht, und deren Ende war nicht mehr aufzuhalten gewesen.

Die Beziehung zu meinem Vater war zwiespältig. Wenn er da war, war es immer nett und schön, aber leider galt sein Interesse eher seinen beruflichen Zielen als dem Kontakt zu mir. Heute, also an Heiligabend, verbrachte er den Tag mit seinen Schwiegereltern, den Eltern seiner neuen Frau. So wie all die Jahre zuvor zeigte ich auch dieses Mal Verständnis dafür, wollte aber an deren Weihnachtsfest selber nicht teilnehmen. Ein ganz klein wenig hegte ich die Hoffnung, dass er sich für mich entscheiden würde. Doch er tat es nicht, und ich blieb wieder allein.

Dann gab es da noch meinen Bruder. Der Kontakt zu ihm war ebenfalls abgekühlt, seit ich mich entschlossen hatte, ich selbst zu sein und nicht mehr seinen Vorstellungen genügen zu wollen, sondern mein eigenes Leben zu leben. Vielleicht sieht das jemand als Entschuldigung für meine Untätigkeit, womit er nicht ganz unrecht haben mag, aber manchmal braucht es erst den einen oder anderen Schlag ins Gesicht, bevor man die Dinge klar sieht. Vor allem, wenn es um die eigene Familie geht und man hofft, dass sie einmal uneigennützig handelt.

Kurz gesagt, an diesem Tag kam alles zusammen, und meine Situation hätte nicht trauriger sein können. Ich fühlte mich allein, gescheitert und nicht liebenswert. Da hielt ich an der Innbrücke an und parkte mein Auto in einer Seitenstraße. Nach langen Sekunden der Stille trieb die tiefe Trauer in meinem Herzen bittere Tränen über meine Wangen.

Es war vorbei. Ich wollte nicht mehr und konnte nicht mehr. An so einem Tag mutterseelenallein zu sein und sich dafür auch noch selbst verantwortlich zu fühlen, das war zu viel. Ich konnte es einfach nicht mehr ertragen.

Der Regen war bereits in sanften Schneefall übergegangen. Langsam öffnete ich die Autotür, stieg aus dem Wagen und begab mich auf den Weg in Richtung Brücke. In diesem Moment fühlte ich mich wie unter Drogen. Was um mich herum geschah, nahm ich nicht mehr wahr. Es herrschte totale Stille, kein Auto war auf der Straße unterwegs, und mein Blickfeld verengte sich auf mein Ziel hin. Als ich die Mitte der Brücke erreicht hatte, zog ich mich an einem Laternenmast hoch auf das Geländer der Brücke. Sogleich schaute ich hinunter in die Fluten. Die Strömung des Flusses würde zusammen mit meiner schweren Kleidung dafür sorgen, dass es bestimmt schnell gehen würde.

Ich war fest entschlossen, meinem Elend ein Ende zu setzen. Ich schloss die Augen, und das brachte mich leicht ins Wanken. Noch einmal kamen mir all die negativen Gedanken in den Sinn, die mich überzeugen wollten, endlich den entscheidenden Schritt zu tun. Ein leichter Rückenwind schob mich außerdem in die richtige Richtung. Doch plötzlich, als sich die ersten Finger schon von dem Laternenmast zu lösen begannen, hörte ich einen leisen Ruf, wie aus weiter Ferne. Es waren zwei zarte Stimmen, die immer und immer wieder dieselben Worte riefen: »Lieber Papa, wir brauchen dich, weil wir dich über alles lieben! Lass uns nicht allein!«

Anfangs konnte ich die Worte gar nicht richtig wahrnehmen, doch als ich sie das zweite und dann das dritte Mal hörte, traf es mich wie ein Schlag. Meine Beine wurden schwach, und ich sank so sehr in mich zusammen, dass ich vom Brückengeländer fiel – rückwärts, auf den Gehweg. Eine Hand noch immer am Geländer der Brücke, zog ich mich erneut nach oben und begann nun wieder bitterlich zu weinen, heftiger, als ich es je zuvor in meinem Leben getan hatte.

Doch dieses Mal weinte ich vor Wut über mein Handeln. Was war ich nur für ein selbstsüchtiges Arschloch gewesen! Wie hatte ich nur so blind sein können! Ich war weiß Gott nicht besser als die Menschen, die ich so sehr verurteilte. Voller Verzweiflung über meinen beinahe verübten Selbstmord verharrte ich ein paar Minuten zusammengekauert auf der Stelle, bis ich mich langsam wieder aufraffen konnte und mich schließlich in Richtung Auto bewegte. Es war der Schrei meiner Kinder gewesen, der Ausdruck ihrer bedingungslosen Liebe, der mein Leben von diesem Zeitpunkt an für immer verändern sollte. Ein Weckruf aus dem Koma des Selbstmitleids über meine eigene Vergangenheit.

»Ich bin froh, dass Sie es geschafft haben.« Das waren die Abschiedsworte, die mir Margarete Sch. ins Ohr flüsterte, bevor sie den Zug verließ. Und sie hatte Recht: Ich bin froh, nicht gesprungen zu sein, denn heute weiß ich, dass man alles Leid, das einem vom Leben oder von der Familie in jungen Jahren auferlegt wird, hinter sich lassen kann.

Auch wenn es ein harter Weg war, der vieles ans Licht brachte, das ich lange Zeit nicht hatte sehen wollen, so weiß ich heute doch, dass ich der Liebe würdig bin. Und tatsächlich war das der eigentliche letzte Sprung – der Sprung in meine eigene Freiheit.

Eine unvergessliche Nacht in den Bergen

von KAREN P.

Es war März, und wie fast jedes Jahr planten wir, ein Skiwochenende mit Freunden in den Bergen zu verbringen. Über die Jahre waren wir zu einer etwa zwanzigköpfigen Clique geworden – ganz unterschiedliche Menschen, was Herkunft, Beruf und Lebensweise anging.

Unsere Autofahrt in die Berge war von bestem Wetter begleitet, obwohl die Vorhersage des Schneeberichts nicht sehr hoffnungsvoll geklungen hatte. Als wir in unserem Skiort angekommen waren, hatten wir gleich mit unseren Freunden einen tollen Skitag verbracht. Abends waren wir dann traditionsgemäß zu einem kleinen Schlittenausflug auf der Rodelpiste verabredet.

Ich kann mich noch gut erinnern, dass unsere Hotelbesitzerin uns dringend davon abriet, auf die Rodelpiste zu gehen, da aufgrund der nur dünnen Schneedecke sehr viel Eis auf der Piste war. Davon ließen wir uns jedoch nicht abhalten. Meine eigenen Ambitionen, auf einen Schlitten zu steigen, waren schon immer eher gering gewesen; das Skilaufen lag mir weitaus mehr. Nachdem aber alle, vor allem mein Mann, sich so auf diesen Abend freuten, gab ich nach und sagte zu.

Mit einem Traktor samt Anhänger wurden wir zuerst auf eine Hütte gebracht. Super Stimmung herrschte abends in den Bergen. Wir saßen gesellig beisammen und hatten einen Riesenspaß. Zum ersten Mal war auch meine beste Freundin mit ihrem zehnjährigen Sohn dabei. Natürlich war für ihn das abendliche Rodeln ein Highlight, er konnte es gar nicht erwarten, bis es ans Schlittenfahren ging.

Mein Mann wollte gleich nach dem Essen aufbrechen, daher beschlossen wir, dass wir zu viert – mein Mann, meine Freundin mit Sohn und ich – als Vorhut aufbrechen und mit dem Schlitten ins Tal fahren sollten.

Draußen war es bereits dunkel, und vor der Hütte standen für uns alle die Schlitten bereit. An der Spitze der Rodelgruppe natürlich mein Mann in bester Laune und Vorfreude. Hinter ihm meine Freundin und ihr Sohn, danach ich als Schlusslicht. Jeder von uns hatte eine Taschenlampe dabei, um den Weg auszuleuchten. Da ich, wie bereits erwähnt, beim Rodeln eher zu den Angsthasen gehörte, war ich froh, als Letzte in der Viererkette mein Tempo selbst bestimmen zu können.

So kam es, dass ich mich bereits nach kurzer Fahrt ganz allein auf der Bahn befand. Kein Lichtschein war mehr von den Taschenlampen meiner Gefährten zu sehen. Gemütlich und im Schneckentempo versuchte ich, auf der vereisten Rodelbahn sicher ins Tal zu kommen.

Etwa auf halber Strecke blieb ich plötzlich mitten im Wald stehen. Bis heute weiß ich nicht, warum. Es war, als hätte mich eine innere Stimme gestoppt. Trotz des total eisglatten Untergrunds erhob ich mich von meinem Rodelschlitten und sah mich um. Verrückt, nicht wahr? In der Dunkelheit, wo kein Mensch weit und breit zu sehen war, mitten im Wald auf einer vereisten Rodelbahn stehen zu bleiben und sich umzuschauen.

Links von mir war ein Abgrund, in den ich aber, da ich stand, hinunterblicken konnte. Mir stockte der Atem, als ich den Lichtkegel einer Taschenlampe ausmachte. Sofort spürte ich: Da war etwas passiert!

Mit zitternden Beinen, den Schlitten hinter mir herziehend, tastete ich mich zum Abgrund vor und leuchtete mit meiner Taschenlampe umher. Was ich sah, ließ mir fast das Blut in den Adern gefrieren.

Mein Mann hing mit dem Gesicht nach oben zwischen zwei Felsen. Aus seiner Augenbraue ragte ein kleiner Ast. Schritt für Schritt kämpfte ich mich vorsichtig zu ihm hin. Er war leicht benommen und nicht ganz ansprechbar. In einem Reflex entfernte ich den Zweig von seiner Augenbraue und versuchte, ihn auf den Boden zu betten. Er blutete sehr stark am Hinterkopf, und hinter dem Ohr klaffte eine große Wunde.

In dieser schlimmen Situation, die fast wie ein Film vor mir ablief, versuchte ich über mein Handy die Bergrettung anzurufen – aber mir fiel die Nummer nicht ein. Ich war am Verzweifeln! Dann versuchte ich meine Freundin anzuwählen, die ja bereits im Tal sein musste. Zum Glück hatte ich ein Handynetz und konnte ihr die Lage kurz schildern.

Sie eilte uns sofort zu Hilfe, machte sich mit ihrem Sohn zu Fuß über die eisige Rodelpiste auf den Weg zur Unglücksstelle. Da ich selbst nicht genau wusste, wo ich mich befand, gab ich mit meiner Taschenlampe Leuchtzeichen. Nach Stunden, wie es mir in meiner Verzweiflung schien, langten sie endlich bei uns an und sahen, was geschehen war. Wir entschieden, dass ihr Sohn bei mir und meinem verletzten Mann bleiben und sie wieder mit dem Schlitten ins Tal fahren sollte, um die Rettung zu alarmieren und Bescheid zu geben, wo sich unser Unglücksort befand.

Mit dem Sohn meiner Freundin harrte ich dann etwa eineinhalb Stunden an der Unfallstelle aus, wo wir, so gut es ging, meinen Mann versorgten. Wir schoben unsere Schlitten zusammen und betteten ihn darauf. Die offene Wunde an seinem Hinterkopf versuchten wir mit Taschentüchern und Eis zu versorgen. Immer wieder wollte er einschlafen, aber wir redeten unablässig mit ihm und hielten ihn auf diese Weise wach, damit sein Körper nicht zu stark auskühlte.

Ich alarmierte mit dem Handy dann auch unsere Freunde auf der Hütte, die zuerst dachten, das sei ein Scherz, bis sie dann das Ausmaß des Unfalls realisierten. Sofort machten sie sich mit ihren Schlitten auf den Weg zu uns. Ich warnte sie eindringlich, dass die Rodelpiste total vereist war und sie unbedingt aufpassen sollten. Zudem waren Freunde dabei, die das erste Mal mit dem Schlitten fuhren.

Als sie bei uns am Unfallort eintrafen, waren alle total geschockt. Zum Glück gab es in unserer Clique einen Arzt, der sich gleich um meinen Mann kümmerte. Instinktiv hatte ich das Richtige getan: ihn in die stabile Seitenlage gebracht und versucht, die Blutung durch Druck zu stillen.

Kurz darauf kam auch schon der Notarzt mit einem Jeep an. Da die Piste jedoch sehr eng war, konnte er am Unfallort nicht wenden, sondern musste den Berg erst ganz hochfahren, um den Wagen anschließend in die richtige Fahrtrichtung zu bringen. Auf einer Trage verfrachteten wir meinen Mann dann zum Fahrzeug und fuhren mit ihm ins Krankenhaus. Dort stellte der Arzt mehrfache Muskelfaserrisse an der Schulter fest. Die Wunde am Kopf und die Augenbraue wurden geklammert.

Da das örtliche Krankenhaus heillos überbelegt war, teilte mir der Arzt mit, dass sie meinen Mann nicht in der Klinik behalten könnten. Ich solle ihn mit ins Hotel nehmen und am nächsten Morgen nochmals in die Klinik vor Ort kommen oder ihn gleich zu Hause ins Krankenhaus bringen. Es könne sein, dass auch sein Schädel einzelne Haarrisse davongetragen habe, dies könne man leider erst am nächsten Tag bei einer genaueren Untersuchung feststellen. Zur Sicherheit gaben sie mir Tabletten für ihn mit und meinten, ich solle ihn die Nacht über genau beobachten. Sollte sein Zustand sich verschlechtern oder gar Schaum aus seinem Mund austreten, müsse ich umgehend wieder mit ihm in die Klinik kommen.

Diese Nacht werde ich nie im Leben vergessen. Zum ersten Mal seit dem Beginn unserer langjährigen und wunderbaren Beziehung wurde mir schlagartig bewusst, wie schnell es gehen kann, einen geliebten Menschen zu verlieren. Wir hatten uns nur ein paar Meter voneinander entfernt befunden, und der Unfall hätte ungeahnte Folgen haben können.

Bis heute bin ich meiner inneren Stimme dankbar, dass sie mich dazu bewog, genau an der Stelle zu halten und mich vom Schlitten zu erheben. Wäre ich ein paar Meter vor oder ein paar Meter nach der Unglücksstelle aufgestanden, hätte ich meinen Mann nicht gesehen. Zusätzlich war es ein Glück, dass seine Taschenlampe so lag, dass ich den Lichtkegel erkennen konnte.

Die Verletzungen hat mein Mann sehr gut überstanden und zum großen Glück auch keine Folgeschäden davongetragen. Vom Rodeln haben wir seither die Finger gelassen. Für mich kein Problem – und mein Mann möchte das Schicksal auch nicht über Gebühr herausfordern.

Ein sehr guter Freund von uns sagte einmal zu meinem Mann, dass jeder Mensch einen Schutzengel habe. Das Schöne in seinem Fall sei, dass er seinen Schutzengel sogar kenne und wisse, wie er aussehe …

»Du kannst arm sein, aber sei niemals armselig ...«

von HELENE VON Q.

Es ist schon erstaunlich, wie einige prägende Momente den Charakter für das ganze Leben formen.

Mein Vater entstammte einem uralten Kosakengeschlecht und war noch 1917 als Freiheitskämpfer in der Russischen Revolution für die Unabhängigkeit der Ukraine eingetreten. Ein Familienbesitz ging während der Russischen Revolution innerhalb von Tagen verloren.

Danach musste er seine Heimat verlassen. Er kam zuerst nach Österreich, dann nach Deutschland. In München lernte er im Deutsch-Russischen Club seine spätere Frau, meine Mutter, eine gebürtige Münchnerin, kennen. Sie heirateten 1922 und ließen sich dann in München nieder.

Da mein Vater einen staatenlosen Pass und nur einen ukrainischen Nansen-Pass hatte, verlor meine Mutter durch diese Heirat ihre deutsche Staatsangehörigkeit, sie bekam einen Nansen-Pass und dann wurde sie ebenfalls staatenlos. Ich wurde als Kind in ihrem Ausweis vermerkt. Später bekam ich ebenfalls – als Staatenlose – nur einen Fremdenpass.

Als Staatenlose konnten meine Eltern sich keine Arbeit durchs Arbeitsamt zuweisen lassen. Sie waren arm, und mein Vater übernahm alle möglichen Arbeiten, um die Familie durchzubringen: Er ritt Pferde für Reitinstitute zu, bot sich als Begleiter für Ausritte an, gab Russischunterricht und nahm mit meiner Mutter und meiner Großmutter schlecht bezahlte Heimarbeiten an. Zum Beispiel fertigten sie von einem befreundeten Künstler vermittelt aufwändige Faschingsdekorationen an – für 1,65 Reichsmark pro Stück. Weiterverkauft wurden die Stücke dann in Norddeutschland als »echte Münchner Faschingsdekoration« für sage und schreibe 25 Reichsmark! Der Verdienst meiner Eltern reichte kaum für die täglichen Mahlzeiten.

Durch die Kriegswirren und die dadurch bedingten häufigen Ortswechsel war auch ich lange Jahre offiziell staatenlos und hatte keinen richtigen Pass. Daher konnte ich nie aus Deutschland ausreisen, nicht einmal ins Nachbarland Österreich ohne Visum, und daraus resultierte letztlich auch das frühe Scheitern einer sich anbahnenden großen Liebe.

Im Zweiten Weltkrieg, als die Städte in Deutschland ausgebombt und niedergebrannt wurden, retteten sich viele Menschen aufs Land, ein Teil meiner Familie zum Beispiel ging, nachdem unsere Wohnung in der Münchner Nordendstraße ausgebombt war, nach Lenggries. Meine Mutter und meine Großmutter, die 1949 dann in Lenggries starb.

Mein Vater war stets mein großer Lehrmeister fürs Leben: »Häng dein Herz nicht an irdische Güter!« – »Du kannst arm sein, aber sei niemals armselig!« Das war sein Lebensmotto, er verlor nie seinen Mut und seine stolze Haltung.

Wenn ich, seine Tochter, Probleme hatte, hörte er mir so lange und so geduldig zu, bis meine Probleme plötzlich ganz klein wurden und sich schließlich wie von selbst zu lösen schienen. Vom Vater lernte ich Herzensbildung, so nannte man es damals – und was wirklich wichtig ist im Leben.

Als junges Mädchen habe ich klassischen Tanz studiert und brachte es sogar ziemlich weit im Ballett, bis zur Primaballerina. Aber all der Applaus und die Ovationen bei meinen Auftritten bedeuteten mir nicht die Welt. Nach allem, was ich in meinem jungen Leben schon mitgemacht hatte, sehnte ich mich letztlich mehr nach Sicherheit als nach Ruhm.

Um meinem Leben eine vernünftige Basis für die Zukunft zu geben, hängte ich die Ballettschuhe an den Nagel und erlernte das Schneiderhandwerk. 1960 legte ich meine Meisterprüfung ab. Dies war ein weiterer Wendepunkt in meinem Leben – der Moment, in dem endlich meine berufliche Laufbahn und meine Existenz gesichert waren.

1982 zog ich endgültig aus München fort und kam nach Augsburg, wo ich später 1985 in der Fuggerei-Aufnahme und im Fuggerei-Museum eine berufliche Heimat fand.

Meine großen Lebensthemen waren und sind: Freiheit und Selbstdisziplin – in allen Lebenslagen, durch alle Höhen und Tiefen. Vor allem die Zeiten der Unsicherheit haben mich gelehrt, mein Herz nicht an Dinge zu hängen, sondern zu versuchen, das Leben positiv zu sehen und die Momente zu genießen, die den Unterschied machen.

Nicht was wir haben, ist so wichtig, sondern was wir sind. Und vor allem: was wir werden!

Alles hat sein Gutes

von FRANK C.

Mit Alkohol kam ich zum ersten Mal als Ministrant in Berührung. Einmal handelte es sich um den Messwein, den wir Jungens nach der Messe verkosteten, das andere Mal ging es um die starke Bowle bei unserer Klavierlehrerin, die sie uns (ich war damals zehn Jahre alt) auf ihrer Weihnachtsfeier freundlich servierte.

Etwa ab dem zwölften Lebensjahr fanden dann schon regelmäßige Begegnungen mit dem Alkohol statt. Damals nahm mein Vater mich oft mit zum Stammtisch, und ich durfte mein erstes Weißbier probieren. Dieses Getränk fand ich sofort passend für mich, vor allen Dingen seine Wirkung! Ich war nun »aufgenommen« in den Kreis der Erwachsenen, und das tat meinem Selbstbewusstsein enorm gut.

Ich fand Gefallen an diesem Stammtisch und besuchte ihn von da an mindestens einmal die Woche. Nach Hause ging ich dann schon mal mit zwei bis drei Halben Bier intus, betrunken wurde ich allerdings nie. Anstatt Kirche war sonntags künftig der Besuch in der Gastwirtschaft angesagt.

Auch nach der Schule trafen wir uns meistens in einem Café, um Alkohol zu konsumieren. Man machte uns dort keine Probleme, wenn wir alkoholische Getränke bestellten, solange wir sie bezahlen konnten.

Das eine oder andere Mal versäumten wir daher den Bus nach Hause ...

Da der Alkohol bei mir – äußerlich – nicht sonderlich viel Wirkung zeigte, endete einer meiner Café-besuche im Alter von dreizehn Jahren dann mit einer Alkoholvergiftung. Tatsächlich hatte ich bis zum Verlassen des Lokals überhaupt kein Rauschgefühl verspürt, und genau das war fatal. Meine Trink-kumpane gingen der Reihe nach zu Boden, mir jedoch knickten erst an der frischen Luft die Beine weg. Was den weiteren Verlauf des Heimwegs anging – Filmriss. Erst im Krankenhaus kam ich wieder zu mir, und es wurde dort als harmlose, tolle Leistung bewertet, dass ich so viel getrunken hatte! Ich war ein cooler Typ – in dem Alter!

Trotzdem trank ich nach diesem Vorfall erst einmal nichts mehr.

Einige Zeit später allerdings wurde Alkohol wieder ein Thema. Jetzt trafen wir uns auch nach der Schule, diesmal in der Turnhalle, um Wein, Vermouth und anderes zu trinken.

Bei Partys wurden hauptsächlich Whiskey und Bier eingeschmuggelt, aber egal was wir feierten: Alkohol war immer dabei. Daheim durften meine Freunde und ich uns auch an den Bierkästen im Keller bedienen, was wir uns nicht zweimal sagen ließen, und sehr oft übertrieben wir es damit. Als Clique trafen wir uns nicht täglich, und es kam auch nicht jedes Mal bis zum Rausch, aber wir näherten uns dem kritischen Zustand an, ohne wirklich auffällig zu werden. Ich stellte fest, dass ich immer deutlich mehr trinken und vertragen konnte als die anderen. Das empfand ich damals als starke Leistung!

Im Alter von sechzehn Jahren hatte ein enger Freund einen schweren, ganz schrecklichen Starkstromunfall, bei dem wir Freunde alle anwesend waren ... Im Nachhinein haben die daraus entstandenen Schuldgefühle einen starken Verbündeten im Alkohol gefunden: Er war zuverlässig, treu ergeben und stand immer zur Verfügung, ohne Fragen zu stellen.

Nach dem nur mit Mühe bestandenen Schulabschluss hatte ich keinerlei Vorstellung davon, was ich eigentlich mit meinem Leben machen wollte. Auch die Besuche in der gegenüberliegenden Bierkneipe in der großen Pause, die ganz bewusst von den untätigen Lehrern toleriert wurden, fanden nun ein jähes Ende.

Auf Anraten eines Freundes bewarb ich mich bei der Polizei und bekam den Ausbildungsplatz, hatte jedoch keine Ahnung, auf was ich mich da einließ. Ich beruhigte mich damit, dass ich ja noch Zeit bis zum ersten Arbeitstag hätte. Ziemlich deprimiert rückte ich dann in einer anderen Stadt in die Polizeikaserne ein, und es war für mich alles andere als einfach, fort von daheim zu sein. Die Sache mit dem Polizeidienst entwickelte sich zu einer unlösbaren Aufgabe für mich. Im Grunde war dieser Beruf gar nichts für mich: Im Prinzip stand ich ja eigentlich immer auf der anderen Seite ... Aber Bier gab es dort jedenfalls genug.

Nach knapp einem Jahr zog ich die Konsequenzen und kündigte. Ich versuchte mein Glück mit einem Schwung Bewerbungen bei allen möglichen Verwaltungseinrichtungen. Ich wusste immer noch nicht, was ich eigentlich wollte, mir war nur inzwischen klarer, was ich nicht wollte.

Alkohol war immer dabei, abends, an den Wochenenden und bei jeder Art von Feier ... Immer noch vertrug ich viel mehr als andere, meine Mengentoleranz war echt enorm!

Schließlich bewarb ich mich bei der Bahn und wurde aufgefordert, zum Aufnahmetest anzutreten. Bei der Einstellungsuntersuchung stellte der Betriebsarzt damals schon fest: Vorsicht mit Alkohol! Doch ich wurde eingestellt, mit neunzehn Jahren. Es gefiel mir ganz gut bei der Bahn, ich verdiente ordentlich, konnte selbstständig arbeiten, und Alkohol gab's auch dort, aber ich hatte alles noch »unter Kontrolle«, so dachte ich damals jedenfalls, und so wirkte es auch auf andere.

Dann ging ich eine feste Beziehung ein, die aber wegen meines Alkoholkonsums keinen Bestand haben konnte. Ich zog mich häufig grundlos zurück – typisch für Alkoholiker – und brauchte den Alkohol inzwischen auch, um überhaupt schlafen zu können. Nach dem Ende dieser Beziehung rutschte ich völlig ab und nahm diese Niederlage mit zweiundzwanzig Jahren als willkommenen Anlass, noch mehr und noch öfter zu trinken als zuvor. Total zurückgezogen, soff ich zu Hause ganz allein, und mein Gesundheitszustand verschlechterte sich rapide.

Die körperlichen Schäden durch den Alkoholkonsum zeigten sich in Form einer Polyneuropathie.
Ich war lange krank, mein Hausarzt stellte astronomi-
sche Leberwerte fest, und mein Leben stand echt auf
der Kippe. Ich nahm kontinuierlich ab, aß so gut wie
gar nichts mehr und wog nur noch sechzig Kilo. Doch
ich trank heimlich weiter und bildete mir ein, dass
niemand davon wusste. Ich war ja auch fast nie »richtig« betrunken, ich hatte immer meinen Alkoholpegel
und fiel selten aus der Rolle. Da ich zu diesem Zeitpunkt nicht mehr so viel Flüssigkeit vertrug, stieg ich
von Bier auf Schnaps und andere harte Getränke um.

Mir ging es furchtbar schlecht, und so ließ ich mich
schließlich dazu überreden, einen Neurologen und
Psychiater aufzusuchen. Der fand auch Zugang zu
mir, und ich ließ mich auf eine ambulante Ent-
wöhnung ein. Ich wurde sein Musterpatient ...

Ein paar Monate später ging es mir schon wesentlich
besser. Als nächsten wichtigen Schritt entschloss ich
mich dazu, im Alter von vierundzwanzig Jahren endlich
von zu Hause auszuziehen. Ich mietete mir eine eigene
Wohnung, und endlich schien bei mir alles im Lot.

In jenem Herbst machte ich Urlaub auf Gran
Canaria – und wurde leichtsinnig. In Ferienlaune pro-
bierte ich im Flugzeug etwas Sekt und Bier, und in
kürzester Zeit befand ich mich tiefer im Sumpf als je
zuvor.

Die drei Wochen Urlaub verbrachte ich dann auch
ausschließlich mit Saufen: ab zehn Uhr morgens

Frühschoppen, dann immer so weiter, abends in die Diskotheken, Rum und Cola bis fünf Uhr früh, und am nächsten Tag das Ganze wieder von vorn.

Daheim ging es munter so weiter, ich besoff mich wieder allein zu Hause. Wenn ich mal ausging, dann schon mit hohem Alkoholpegel, damit ich in der Lage war, in Gesellschaft »normal« zu funktionieren.

Jede Autofahrt wurde zur Qual, da mir bewusst war, wie betrunken ich immer war, mehr oder weniger. Nüchtern hätte ich allerdings auch nicht fahren können – wegen des Zitterns, der Krämpfe und der Übelkeit.

Um überhaupt in die Gänge zu kommen, trank ich schon am frühen Morgen. Den ersten und zweiten Schluck konnte ich meist gar nicht bei mir behalten und übergab ich mich so lange, bis der dritte und vierte Schluck endlich im Magen blieben, die beruhigende Wärme langsam einsetzte und mir die ersehnte »Klarheit« brachte.

Immer wieder versuchte ich einen Selbstentzug, schaffte es meist auch ein paar Tage lang, nicht zu trinken, bis dann alles wieder von vorn losging, weil ich es ohne meinen »Stoff« nicht aushalten konnte. Ich sehnte mich nach Hilfe und leugnete gleichzeitig nach außen immer noch meine Sucht, die ich mir selbst jedoch ganz kompromisslos eingestand.

Bei einem meiner vielen Selbstversuche reagierte mein Körper dann mit einem epileptischen Anfall. Ich fiel die Kellertreppe hinunter, wo meine Eltern mich schließlich fanden. In der Zwischenzeit war ich nämlich wieder zu meinen Eltern gezogen, denn allein in meiner eigenen Wohnung halluzinierte ich und hörte Stimmen. Meinen Job bekam ich noch irgendwie hin. In jenem Jahr wurde ich achtundzwanzig.

Selbstmordgedanken quälten mich, ich war aber zu feige, mich wirklich umzubringen. Ich wollte unbedingt aufhören, schaffte es aber nie, meinen Zustand länger als ein paar Tage ohne Alkohol zu ertragen – es war einfach immer grauenvoll. Familie, Freunde, jeder zog sich von mir zurück. Am liebsten war es allen, wenn ich durch Abwesenheit glänzte. Sie alle konnten meinen Zustand nicht mehr mit ansehen; war ich nicht anwesend, verursachte meine Sucht ihnen keinen Stress.

Zutiefst verzweifelt und schwer krank suchte ich nach einem Weg der Veränderung und des Aufhörenkönnens und nahm Tabletten als Ersatzdroge, dann wieder zurück zum Alkohol und so weiter …

Ich war immer noch achtundzwanzig Jahre alt.

Und mehr tot als lebendig.

Im Durchschnitt trank ich zweieinhalb Flaschen Schnaps am Tag.

Eines Tages erhielt ich einen Anruf von einem wildfremden Mann. Er sagte, er habe von meiner Tante gehört, ich hätte ein Alkoholproblem, und das habe er auch. Er sei seit Kurzem trocken und kenne eine großartige Selbsthilfegruppe. Und dass er mir unbedingt helfen wolle!

(Das war ein missionarischer Eifer, den auch ich später für längere Zeit an den Tag legen sollte. Ich wollte ebenfalls allen helfen, ob sie selbst es nun wollten oder nicht.)

Ich war entsetzt! Unverschämtheit, was bildete der sich ein! Was fiel meiner Tante ein! Also wirklich ... Ich legte den Hörer auf. Er rief aber noch ein paar Mal an, und schließlich überredete er mich immerhin dazu, mir seine Telefonnummer zu notieren.

Nach außen hin war ich absolut ungehalten, aber tief in mir begann etwas zu wachsen: die Gewissheit, dass ich so nicht mehr allzu lange leben würde und dass ich mir doch schon so lange Hilfe wünschte ...

Mit drei Flaschen Wein intus traute ich mich dann endlich einmal zu der Selbsthilfegruppe. Und war total schockiert!

Diese Leute hatten enorm gute Laune, lachten, machten Späße, verabredeten sich zum Essen, gingen aus und waren so lebendig.

Keine haltlosen Säufer, die lieber tot wären und die sowieso keiner verstehen konnte. Aber die hier, die verstanden es, weil sie es kannten!

Völlig aus der Bahn geworfen, kam ich heim und soff gleich munter weiter. Das war ja nicht zum Aushalten!

Aber ES war geweckt – mein Selbsterhaltungstrieb bekam Nahrung.

Ich trank weiter, und einige Tage später war ich schon früh morgens ziemlich betrunken. Ich ging nicht zur Arbeit und rief stattdessen den fremden Menschen an. Dessen Telefonnummer hatte ich mir ja notiert, und er war auch in dieser Selbsthilfegruppe gewesen. Er ließ alles stehen und liegen, holte mich ab, und wir fuhren zu ihm. Zusammen mit der Leiterin der Selbsthilfegruppe besorgte er mir einen Platz im Krankenhaus, und die beiden brachten mich gemeinsam dorthin.

Kurz leistete ich noch Widerstand, wollte sogar aus dem fahrenden Wagen springen, dann gab ich jedoch auf und landete in der Klinik.

Ich hatte immer eine bestimmte Vorstellung, eine bestimmte Angstvorstellung davon gehabt, wie es mit meiner Sauferei enden würde: Zusammenbruch auf der Straße – Einlieferung ins Krankenhaus. Dort würde man mir ein »Engelshemd« anziehen, hinten offen, und jeder würde endlich wissen, warum ich hier war – es läge alles offen!

Und genau so kam es. Wegen des Saufens kam ich ins Krankenhaus und bekam das Engelshemd angezogen – hinten offen. Der einzige Unterschied: Ich wurde hingefahren. Im Krankenhaus gab ich meinen Widerstand auf. Ich blieb eine Woche dort, der Entzug war schlimm, aber ich hatte mich selbst oft schon härter entzogen. Nach Ablauf der Woche wurde ich entlassen und ging gleich wieder zur Arbeit. Keiner an meinem Arbeitsplatz hatte etwas bemerkt. Ich war eben einfach krank gewesen ...

Von da an besuchte ich regelmäßig die Selbsthilfegruppe, jede Woche, und dazu noch einmal wöchentlich den dazugehörigen Stammtisch. Zusätzlich gab es viele private Aktivitäten der Gruppe, die mir halfen, ins Leben zurückzukehren.

Ich machte nie eine stationäre Therapie.

Nach zwei Jahren fühlte ich mich »frei« und war endlich wieder bei mir.

In diesen zwei Jahren lebte ich etwa so wie vorher mit Alkohol: Ich ging aus, verkehrte in Kneipen und wollte erspüren, ob es gelingen könnte.

Das war meine Art, vom Alkohol wegzukommen. Dieser harte Weg ist allerdings nicht für jeden geeignet, und im Nachhinein sieht es so aus, als wäre es unter Umständen leichter gewesen, die Sache stationär anzugehen. Doch für mich war es offensichtlich so der richtige Weg.

Mit dreißig Jahren ging es mir noch mal besser, ging es mir richtig gut.

Mittlerweile lebe ich seit achtundzwanzig Jahren ohne Alkohol, die Selbsthilfegruppe gibt es noch immer.

Es hat sich vieles verändert, und vieles hat immer noch Bedeutung und Gewicht für mich. Ehemals für mich wichtige Menschen sind nicht mehr da (zumindest körperlich), andere dagegen traten neu in mein Leben. Immer wieder und immer mehr befindet sich alles im Fluss, und ich halte selbst das Ruder in der Hand.

Vermeintliche Ursachen?

Sucht = die Suche, wahrscheinlich nach mir selbst.
Alkohol hilft erst einmal dabei, dazuzugehören.
Bier gilt in Bayern als »Grundnahrungsmittel«,
was den Konsum erleichtert und legitimiert.
Zu wenig Glauben an sich selbst, zu wenig Selbst-
vertrauen werden durch den Alkohol kompensiert.
Hohe Alkoholtoleranz täuscht über die Gefahr der
Abhängigkeit hinweg.
Lebensverändernde Ereignisse (zum Beispiel der
Unfall meines engen Freundes) haben möglicherweise
Schuldgefühle evoziert, die ich mit Alkohol besser
ertragen konnte.
Die Trennung von zu Hause im Rahmen der Berufs-
ausbildung förderte Unsicherheit, Einsamkeit etc.
und war mit Alkohol leichter zu ertragen.

Wofür war es gut?

Im Rausch habe ich die Verantwortung für mich
selbst dem Alkohol überlassen.
Nach dem Entzug habe ich die Verantwortung
für mich voll und ganz übernommen, bis hin zum
Kontrollzwang. So eine Art Suchtverlagerung?
Ich bin belastbarer, als ich immer glaubte.
Ich habe die Fähigkeit, mich selbst aus tiefstem
Sumpf herauszuziehen.
Ich bin ganz schön mutig!

Meine Erkenntnis:

Alkohol macht nicht frei, sondern nur abhängig.
Keine Sucht macht frei. Sie gaukelt dir Freiheit vor,
bis du merkst, dass du ein Problem hast.

Mit Alkohol habe ich mich immer weiter von
mir selbst entfernt.
Ohne Alkohol finde ich immer mehr zu mir.
Je näher ich mir selbst komme, desto näher kann ich
auch anderen kommen (sie an mich heranlassen).

Wie geht es mir heute?
Ich bin achtsam, aber nicht ängstlich.
Und ich bin heute ein Vorbild für andere.
Ich erlaube mir zunehmend, der sein zu dürfen,
der ich wirklich bin.
Früher habe ich mich hinter dem Alkohol versteckt,
heute zeige ich mich (ohne Alkohol).

Der Ausblick:
Nun arbeite ich schon seit achtundzwanzig
Jahren ehrenamtlich in der Suchthilfe, ich führe
einen eigenen Verein.
Das Thema Alkohol habe ich am Arbeitsplatz
stärker in den Fokus gerückt, ich engagiere mich
als Helfer für Suchtkranke.
Diese Aufgaben will ich sogar noch weiter ausbauen
und mir ein zweites, nebenberufliches Standbein
verschaffen.

Mein Angebot:
Beratung, Vorträge, Gespräche. Lösungsansätze
vermitteln.
Informationen weitergeben und Hilfe zur Selbsthilfe
anbieten.
Unterstützung und Begleitung bei allen anstehenden
Problemen.

Immer mit dem Ansatz: Es lohnt sich, das Thema
Alkoholabhängigkeit aktiv anzugehen, sich damit
auseinanderzusetzen, zu gesunden und dem Leben
dank der gemachten Erfahrungen eine sinnvolle
neue Ausrichtung zu geben.
Darüber hinaus: den Umständen, den Verhaltens-
mustern, die die Sucht bestärkt (bzw. »gesucht«)
haben, die Grundlage zu entziehen.

Alles hat sein Gutes ...

Ohne die Alkoholsucht wäre mir ein großer Erfah-
rungsschatz entgangen.

Der glücklichste Moment meiner Ehe

von SABINA F.

Es ist jetzt elf Jahre her, und bis heute kann ich immer noch nicht fassen, wie schrecklich unvorbereitet man solchen Schicksalsschlägen doch ausgesetzt ist. Es war ein ganz normaler Mittwoch im September, an dem unsere Welt in Scherben brach und ich mich auf das Schlimmste einstellen musste: den Tod meines Ehepartners.

Mein Mann Alfred und ich führten das, was immer als »eine ganz normale Ehe mit Höhen und Tiefen« bezeichnet wird. Das bedeutet, dass man nach achtzehn Jahren Ehe oft eher nebeneinander her lebt. Das heißt keineswegs, dass wir uns nicht mehr liebhatten oder uns gleichgültig waren – nein: Es war nur so, dass die Organisation des Alltags im Vordergrund stand und Zweisamkeit und Zärtlichkeit sich ein wenig verflüchtigt hatten.

Ich arbeitete damals als Empfangsdame eines großen Autohauses, ein Job mit hoher Kundenfrequenz, häufigen Reklamationen, viel Telefondienst – und einem anspruchsvollen Chef, der erwartete, dass man immer freundlich war und geduldig und immer attraktiv aussah.

Mein Mann Alfred hatte Karriere im Außendienst einer Pharmafirma gemacht, er war einer der Top-Vertreter, verdiente sehr gut, war aber enorm eingespannt und viel unterwegs und stand unter hohem Umsatzdruck. Wenn er daheim war, wollte er im Grunde nur ausspannen, seine Ruhe haben, seine Bürosachen erledigen und fernsehen. Das klingt jetzt ziemlich trostlos, aber ich meine es gar nicht so. Ich hatte immer Verständnis für seine berufliche Situation, ich genoss ja die finanzielle Sorglosigkeit und bewunderte auch die Tatkraft meines Mannes, der sich um alles kümmerte, von Banksachen bis Versicherungen, von Steuererklärungen bis zu neuen Anschaffungen. Eine ziemlich konventionelle Aufgabenteilung, aber uns gefiel die »altmodische« Ehe, die wir führten. Auch wenn ich zugeben muss, dass ich mich oft ein bisschen einsam fühlte und schon auch Sehnsucht nach etwas mehr Emotionen in unserer Beziehung verspürte.

An jenem Mittwoch im September piepte während der Arbeitszeit mehrere Male mein Handy, doch es war so viel Betrieb, dass ich nicht nachsehen konnte. Als später zwei junge Polizisten das Autohaus betraten und auf mich zusteuerten, war mir sofort klar, dass das mit den nicht angenommenen Anrufen auf dem Handy zu tun haben musste.

»Sind Sie Frau Sabina F.?«, fragte mich der eine Polizist. »Wir haben leider eine schlechte Nachricht für Sie. Ihr Mann ist plötzlich zusammengebrochen und wurde ins Krankenhaus gebracht. Keine Angst:

Er lebt. Aber wir müssen Sie jetzt gleich zu ihm bringen. Ihr Chef weiß Bescheid, bitte kommen Sie mit, wir erklären Ihnen alles Weitere.«

Mit zitternden Knien folgte ich den Polizisten zum Auto, wo ich dann erfuhr, was geschehen war. Mein Mann war während eines Verkaufsgesprächs in einer Arztpraxis von einer Sekunde auf die andere zusammengebrochen. Was für ein Glück im Unglück – der Arzt rettete meinem Mann ganz sicher das Leben. Alfred hatte einen schweren Herzinfarkt erlitten und wurde im Krankenhaus derzeit noch operiert.

Als wir im Krankenhaus ankamen, wurde ich zum diensthabenden Arzt und der Intensivschwester geführt. Man erklärte mir, dass mein Mann den Infarkt möglicherweise nicht überstehen werde, aber dass es durchaus eine Überlebenschance gebe. Man müsse die Lage beobachten und die Situation laufend neu bewerten. In etwa einer halben Stunde komme mein Mann aus dem OP, dann sehe man vielleicht schon etwas klarer.

In dieser halben Stunde, die ich in einem kleinen Untersuchungszimmer in der Notfallchirurgie verbrachte, ging ich durch die Hölle. Würde mein Mann überleben? Warum erlitt ein kerngesunder, kräftiger Mann mit 45 Jahren überhaupt einen so schweren Infarkt? Er hatte doch nie über Schmerzen geklagt oder sich unwohl gefühlt. Was brach da auf einmal über uns herein?

Die längste halbe Stunde meines Lebens wurde letztlich zu einer ganzen Stunde Wartezeit, ehe mein Mann aus dem OP kam – was selbst für mich als medizinischen Laien nichts Gutes verhieß. Der operierende Chirurg hatte jedoch gar keine so schlechte Prognose. Man werde meinen Mann noch zwei oder drei Tage auf der Intensivstation belassen, ich könne dann später zu ihm, wenn er auf Station komme. Die Operation sei so weit zufriedenstellend verlaufen, man habe ihm vier Bypässe gelegt, und er werde vorläufig noch künstlich beatmet. Die ersten Tage seien prinzipiell immer kritisch, aber es sehe doch halbwegs positiv aus: Aller Wahrscheinlichkeit nach werde mein Mann überleben.

Ich wurde vor lauter Erleichterung fast ohnmächtig, doch der Arzt war noch nicht fertig mit seiner Schilderung des Zustands. »Ihr Mann ist, aufgrund der Schwere des Infarkts, derzeit ohne Bewusstsein. Das ist nach einem solchen Vorfall und nach dem Eingriff, den wir vornehmen mussten, erst einmal gar nicht so schlecht für den Körper, um gesunden zu können. Eine Schutzreaktion des Körpers sozusagen. Leider können wir in derartig schweren Fällen keine verlässliche Aussage treffen, wie bald Ihr Mann wieder bei Bewusstsein ist. Sie müssen Geduld haben und positiv denken. Morgen können wir vielleicht schon mehr sagen.«

Ich kann mich nicht mehr erinnern, wie ich vom Krankenhaus nach Hause kam oder wie ich den Rest des Tages und die folgende Nacht verbrachte. Ich konnte weder essen noch trinken noch ein Auge zutun. Abwechselnd befielen mich abgrundtiefe Verzweiflung und Hoffnungslosigkeit, dann wieder wäre ich am liebsten sofort aufgesprungen und ins Krankenhaus gefahren, weil ich sicher war, mein Mann wäre aufgewacht und würde nach mir rufen. Ich starrte wie hypnotisiert auf mein Handy, hoffend, das Krankenhaus würde anrufen und mir mitteilen, mein Mann sei aufgewacht.

Irgendwie brachte ich die Zeit bis zum nächsten Morgen herum, und schon um sieben Uhr morgens rief ich mir ein Taxi und ließ mich ins Krankenhaus fahren. Dort wurde ich sehr verständnisvoll empfangen – natürlich hat man in Krankenhäusern Erfahrung mit Angehörigen in extremen Situationen und ist darauf trainiert, mit Nervenbündeln, wie ich eines war, umzugehen. Man teilte mir mit, ich könne erst in einigen Stunden meinen Mann sehen, aber bis jetzt sehe alles recht positiv aus, er habe die Nacht den Umständen entsprechend gut überstanden.

Dann endlich war es so weit: Ich durfte meinen Mann zum ersten Mal nach der Operation sehen. Eigenartigerweise beruhigte es mich allein schon, nur in seiner Nähe sein zu können, auch wenn er erschütternd aussah und angeschlossen war an piepende Monitore, Schläuche und Infusionen. Wie schmal und fast zerbrechlich er in seinem Krankenbett wirkte, dabei war mein Mann fast eins achtzig groß und athletisch!

Der behandelnde Arzt konnte mir natürlich keine genaue Auskunft geben, wie lang dieser Zustand anhalten würde. »Ihr Mann kann heute Abend aus der Bewusstlosigkeit erwachen – oder auch erst in einigen Tagen oder Wochen.« Nach einer kleinen Pause, in der er mich aufmerksam beobachtete, wie ich mit seinen Worten und dem Anblick meines Mannes zurechtkam, fügte er sanft hinzu: »Seien Sie geduldig, hoffen Sie auf jeden neuen Tag, seien Sie zuversichtlich! Denn diese positive Einstellung überträgt sich auch auf den Patienten. Wir können dies mit herkömmlichen medizinischen Begriffen nicht erklären, aber aller Erfahrung nach ist es so: Ihr Mann profitiert vom Kontakt mit Ihnen und von Ihrer Zuversicht. Binden Sie ihn ans Leben, lassen Sie ihn teilhaben an allem, was um ihn herum vorgeht. Sprechen Sie mit ihm, erzählen Sie ihm von Ihrem Tag, von schönen Erinnerungen. Ich bin sicher, Ihr Mann wird ins Bewusstsein und zu Ihnen zurückkehren.«

Die Worte des Arztes, obgleich dramatisch, lösten geradezu einen euphorischen Tatendrang in mir aus. Das wäre doch gelacht! Natürlich würde ich mit Zuwendung und Liebe meinen Mann ins Bewusstsein zurückholen, ich würde so innig mit ihm kommunizieren, dass er schon bald die Augen aufschlagen und wieder der Alte sein würde. Ich rief meinen Chef an, der sich sehr verständnisvoll verhielt und mir freigab, so lange es nötig war. Ich solle mir keine Gedanken machen, alle in der Firma sandten mir und meinem Mann herzliche Genesungswünsche. Ich habe meinem Chef diese Großzügigkeit bis heute nicht vergessen.

Die Zuversicht dieser ersten Tage wich schon nach wenigen weiteren Tagen einer tiefen Bedrückung und Ratlosigkeit. Natürlich wachte mein Mann nicht am selben Tag aus der Bewusstlosigkeit auf, und auch nicht am nächsten oder übernächsten. Sein Zustand blieb unverändert und stabil.

Man kann sich das gar nicht so richtig vorstellen, wenn man es nicht selbst erlebt hat: Worüber soll man mit einem Menschen reden – und zwar stundenlang –, den man seit zwanzig Jahren kennt, mit dem man Tisch und Bett und sein Leben geteilt hat? Man sollte doch meinen, man habe genügend gemeinsame Erlebnisse und der Alltag biete Gesprächsstoff genug. Aber: Es waren ja keine Gespräche. Man fühlt sich, so herzlos das jetzt vielleicht klingt, total bescheuert, wenn man am Bett eines Menschen ohne Bewusstsein Stunde um Stunde sinnlose Monologe hält, ohne je eine Reaktion darauf zu sehen oder zu spüren.

Zum Glück kam mir eine, wie es schien, rettende Idee. Am Ende dieser Woche, in der ich jeden Tag zwölf, fünfzehn Stunden fast ununterbrochen im Zimmer meines Mannes verbrachte, bis mich die Schwestern energisch nach Hause schickten, damit ich mich frisch machte, etwas aß und ein paar Stunden schlief, entwickelte ich einen neuen Plan. Wenn es mir so schwer fiel, permanenten Gesprächsstoff zu finden, würde ich eben aufs Vorlesen umsteigen. Auch das Teilen eines Leseerlebnisses ist doch eine gute Kommunikation, oder nicht? Die Ärzte und Schwestern jedenfalls stimmten mir zu: »Ja, gute Idee!

Bringen Sie das Lieblingsbuch Ihres Mannes mit oder eine Zeitschrift über ein Thema, das ihn interessiert. Autos? Sport? Eine Fachzeitschrift?«

Da lag schon wieder der Hase im Pfeffer. Ich musste eingestehen, dass mein Mann eigentlich nie Bücher las, nur Tageszeitungen und sein Firmenmagazin. Aber egal, vielleicht war das die Gelegenheit, gemeinsam die Literatur zu entdecken. Schnurstracks ging ich in die Krankenhausbücherei und suchte nach einem guten Buch, das mir beim Vorlesen Freude bereiten und meinem Mann irgendwelche Impulse versetzen könnte. Nach kurzem Überlegen entschied ich mich für englische Krimigeschichten: spannend, aber nicht nervenaufreibend.

Ich las meinem Mann schon am nächsten Tag vor, kam mir aber plötzlich total blöd vor. War das nicht eine Schnapsidee, einem Mann, der sich nicht für Bücher, geschweige denn für englische Krimis interessierte, so etwas vorzulesen und zu erwarten, dass er dadurch aus seiner Bewusstlosigkeit erwachte? Gingen dabei wirklich irgendwelche positiven Impulse auf meinen Mann über? Instinktiv war mir klar, dass es keinen Sinn hatte, mit Aktivitäten, bei denen ich mir blödsinnig und hilflos vorkam, einen heilsamen Effekt auf meinen Mann zu bewirken.

Ich war verzweifelt und ratlos, nun fiel mir nichts mehr ein. Das durfte doch einfach nicht wahr sein! Sollte mein Mann wirklich dazu verdammt sein, in diesem Zustand zu bleiben, nur weil seine Frau zu fantasielos war, mit ihm – auf welche Weise auch immer – Kontakt aufzunehmen? Und wieder war es der verständnisvolle Arzt, der mich emotional auffing: »Frau F., Sie brauchen dringend eine Pause, Sie setzen sich zu sehr unter Druck. Lassen Sie es locker angehen, leisten Sie Ihrem Mann einfach nur Gesellschaft, halten Sie seine Hand, aber zwingen Sie sich nicht zu irgendwelchen Aktivitäten. Kommt Zeit, kommt Rat. Schenken Sie ihm Ihre Anwesenheit und Ihre Liebe, das genügt für den Moment.«

Am liebsten hätte ich den Arzt umarmt, so erleichtert war ich, als der »Leistungsdruck« von mir abfiel. Den nächsten Tag im Krankenzimmer meines Mannes genoss ich geradezu, weil ich keinen Tätigkeitszwang verspürte, den Mund halten durfte und mich einfach nur neben meinen Mann setzen und ihn ansehen konnte. Tags darauf brachte ich mir mit Genehmigung des Arztes einen kleinen, tragbaren CD-Player und ein paar Musik-CDs mit – ich gebe es zu: weil mir ein wenig langweilig war. Ich dachte, ich könnte wenigstens ein bisschen in Ruhe leise Musik hören. Ich hatte mich für französische Chansons entschieden, davon hatten wir etliche CDs daheim im Regal, weil Alfred und ich früher öfter in der Bretagne Urlaub gemacht hatten. Die Musik hatte uns abends in den Restaurants immer so gut gefallen, also kaufte ich vor der Abreise nach Hause jedes Mal eine CD, für die »französischen Momente« daheim im Alltag. Ich würde ein französisches Rezept nachkochen, Alfred würde eine schöne Flasche Rotwein aufmachen, und wir hätten die perfekte Hintergrundmusik, um im Alltag das Urlaubsfeeling ein wenig wiederzubeleben.

Natürlich wurde nie etwas aus den »französischen Abenden«, der Alltag und die Arbeit hatten uns immer sofort wieder im Griff. Und die CDs hatten wir uns dann nie angehört. Die meisten von ihnen waren sogar noch in der Originalverpackung eingeschweißt. Jetzt endlich, so traurig der Anlass auch war, hatten wir Zeit und Muße, um uns zusammen die französischen Chansons anzuhören. Na ja, in Wirklichkeit hörte natürlich nur ich die Musik, aber egal.

»Wir« hörten Charles Aznavour, Jacques Brel und vor allem Charles Trenet. Ich nahm Alfreds leblose Hand und erinnerte mich an den ulkigen Abend, als wir dieses angebliche Feinschmeckerrestaurant, ein echter Geheimtipp, wie man uns schwor, besuchten – und feststellen mussten, dass man sich dort total auf deutsche Touristen eingestellt und sogar Wiener Schnitzel auf die Speisekarte gesetzt hatte. Wir hatten an dem Abend im Restaurant dann nur wenig gegessen, aber dafür zwei Flaschen Rotwein getrunken, viel gelacht und schließlich Arm in Arm dahinwankend den Evergreen von Charles Trenet auf dem Heimweg angestimmt: »La mer ... qu'on voit danser le long des golfes clairs ...«

Am Ende jener Woche im Krankenhaus, einem Freitag, klingelte spätabends das Telefon bei mir zu Hause. Ich hatte bis etwa neun Uhr bei Alfred am Bett gesessen und mit ihm Musik gehört, hatte mir dann an einem Kiosk ein Sandwich gekauft und mich daheim erschöpft aufs Sofa fallen lassen. Beim Klingeln des Telefons schoss mir der Schreck durch alle Knochen – das Krankenhaus! War etwas mit Alfred? Mit zitternden Händen nahm ich den Anruf entgegen. Was ich dann vom Arzt mitgeteilt bekam, war in der Tat ein Schock, aber was für einer! Der Arzt beorderte mich augenblicklich zurück in die Klinik: Mein Mann hatte abends, kurz nach meinem Abschied, zum ersten Mal die Augen geöffnet! Er schien noch desorientiert und hatte bis jetzt kein Wort gesprochen, aber sein Erwachen aus der Bewusstlosigkeit war ein sensationeller Fortschritt.

Ich rief sofort ein Taxi. In der Klinik angekommen, rannte ich die Treppen hinauf in die Station und riss, ohne auf den Arzt oder eine Schwester zu warten, die Tür zum Krankenzimmer auf. Da standen sie im Halbkreis ums Bett: die Schwestern von der Station, zwei Ärzte, und alle strahlten. Nur mein Mann war seltsam emotionslos. Er lag da und starrte mich mit großen Augen an, und ich wusste plötzlich nicht, wie ich mich verhalten sollte. Durfte ich ihn in die Arme nehmen? Wusste er überhaupt, wer ich war? Ratlos stand ich an der Tür und sah zu meinem Mann hinüber. Da ergriff der einfühlsame Arzt das Wort und rettete die Situation: »Herr F., Sie freuen sich sicher sehr, Ihre Frau wiederzusehen, und können es kaum erwarten, sie in die Arme zu schließen, nicht wahr? Schließlich hat Ihre Frau Sie mit ihrer Musik zu uns zurückgelockt.«

Mein Mann reagierte zuerst gar nicht, dann schließlich wandte er langsam seinen Blick von mir ab und sah den Arzt an, mit fragenden Augen. »Ja, Sie erinnern sich wahrscheinlich noch nicht, aber Ihre Frau hat die ganze Station mit französischen Chansons unterhalten. Offenbar hängt diese Musik mit ein paar romantischen Urlaubserinnerungen von Ihnen beiden zusammen, stimmt's?« Da brach mein Mann plötzlich in Tränen aus. Mein tatkräftiger, rationaler, beherrschter, erfolgreicher Ehemann, der jeden Gefühlsausbruch peinlich fand! Das erste Wort, das er schließlich mit leiser Stimme sagte, war: »Sabina.« Und er streckte beide Arme voller Sehnsucht nach mir aus. Ich kann bis heute nicht in Worte fassen, was in diesem Moment in mir vorging.

Doch noch viel bedeutsamer war, was nach der Genesung und Entlassung meines Mannes aus dem Krankenhaus geschah. Alfred erholte sich relativ schnell, er nahm seine Nachuntersuchungstermine gewissenhaft wahr und wurde acht Wochen nach seiner Entlassung bereits wieder gesundgeschrieben. Er schien etwas ruhiger als vor seinem Infarkt, auch nachdenklicher, aber ich freute mich über eine ganz neue, ungewohnte Nähe zwischen uns. Im Vorübergehen gab er mir jetzt öfter einen Kuss, bei den Mahlzeiten legte er immer wieder seine Hand auf meine, und wir umarmten uns während des Tages oft ganz spontan. Unsere Ehe hatte an Tiefe und Zärtlichkeit gewonnen und eine ganz neue Qualität bekommen. Und das hält bis zum heutigen Tag.

Eine außergewöhnliche Begegnung

von OLIVER S.

Es war kurz vor meinem Geburtstag, und ich hatte etwas Zeit. Warum also nicht auf kleine Tour mit dem Motorrad gehen?

Ich entschied mich, wie schon häufiger, für einen Kurzurlaub am Gardasee. Ein kleines Hotel in den Bergen war schnell ausgewählt, und gleich danach machte ich mich auf den Weg. An meinem Geburtstag war ich schon früh auf den Beinen, und der See lag, noch versteckt im Morgendunst, zu meinen Füßen. Ich schlenderte nach dem Frühstück im Hotel umher, und mein Blick fiel an der unbesetzten Rezeption auf einen kleinen Holzaufsteller, in dem ein italienischer Prospekt auslag. Auf der Vorderseite war eine Kirche mit angeschlossenem Kloster abgebildet.

Diesen Ort am Gardasee kannte ich noch nicht, und so beschloss ich, gleich einmal loszufahren. Nach ein paar Kilometern und einigen schönen Serpentinen erblickte ich rechter Hand einen Berg, der mit zahlreichen Zypressen bewachsen war. Dahinter war nichts zu erkennen. Diese Stelle wollte ich mir unbedingt genauer ansehen, daher fuhr ich den Berg hinauf und stand dann, ziemlich überrascht, vor der

Kirche aus dem Prospekt. Der Blick hinunter auf die Landschaft war sagenhaft, der Morgendunst verzog sich langsam, und der See trat in seiner ganzen Schönheit zutage.

Ein großes schmiedeeisernes Tor, das allerdings verschlossen war, wies den Weg zu einer steilen, zweigeteilten Treppe, die links und rechts zum Kircheneingang führte. Vor diesem Eingangstor gab es eine noch nicht fertiggestellte Betonterrasse und den Rohbau eines kleinen Cafés. Ich setzte mich auf die Terrasse und genoss den Blick auf den See, als ich plötzlich jemanden hinter mir bemerkte. Da stand eine kleine ältere Frau, ganz in Schwarz gekleidet, und lächelte mich an. Es war ein gütiges Lächeln, voller Wärme, das meine gute Laune noch verstärkte.

Ich sagte »Guten Morgen«, und aus Spaß, da ich eigentlich davon ausging, dass die Dame mich sowieso nicht verstehen würde, fügte ich hinzu: »Jetzt fehlt mir nur noch ein Espresso zu meinem Glück.«

Keine fünfzehn Sekunden später stand die nette Frau wieder hinter mir und reichte mir einen Espresso. Ich war völlig verblüfft und versuchte mir zu erklären, wie man in dieser kurzen Zeit einen Espresso zubereiten konnte – und vor allem: wo? Weit und breit gab es keine Küche oder eine andere Kochgelegenheit.

Plötzlich stand das schwere schmiedeeiserne Tor offen, und die Frau war verschwunden. Ich hatte keinen Laut gehört. Also stieg ich langsam die Treppe zur Kirche hinauf. Das Kirchenportal war geöffnet, und die

Sonne schien durch alle Seitenfenster, dadurch war der Innenraum der Kirche ganz in helles Licht getaucht.

Auf einmal sah ich die ältere Dame wieder, sie stand vor der Sakristei und lächelte mich erneut voller Wärme an. Schnell lief ich auf sie zu, öffnete mein Portemonnaie und wollte ihr etwas Geld für den Espresso bezahlen. Doch die Frau schüttelte lächelnd den Kopf und verschwand in der Sakristei. Ich ließ einen Geldschein in der Sammeldose am Eingang zurück und verließ nach etwa zwanzig Minuten die Kirche. Danach fuhr ich noch lange ziellos mit dem Motorrad durch die Berge. Irgendwie wollte mir die Frau einfach nicht aus dem Kopf gehen.

Da klingelte auf einmal mein Handy. Ich stoppte das Motorrad und nahm den Anruf entgegen. Ein guter Freund wollte mir zum Geburtstag gratulieren: »Sag, was machst du denn heute noch Schönes? Stell dir vor, ich bin gerade am Gardasee. Wenn ich wieder daheim in München bin, können wir uns ja treffen, oder?«

»Ich bin auch am Gardasee, in Riva! Lass uns doch heute Abend miteinander essen gehen.«

Ich freute mich auf unseren gemeinsamen Abend. Damit hatte ich nicht gerechnet. Wir trafen uns dann in einem Restaurant, und als das Essen kam, fragte mich mein Freund ganz beiläufig, ob ich ihm denn nichts zu erzählen hätte, zum Beispiel von der Frau mit dem Espresso, der Kirche und der großartigen Stimmung an diesem Ort ...

Mir blieb fast das Essen im Hals stecken. Woher konnte er das nur wissen? Das war doch ganz unmöglich! Aber auf meine bohrenden Fragen antwortete er nur: »Das musst du schon selbst herausfinden«.

Über meinen Freund ist zu sagen, dass er weder gläubig ist noch spirituell veranlagt. Im Gegenteil: Er ist ein sehr sachlicher Managertyp, für den Fakten und Zahlen eine wichtige Rolle spielen.

Unzufrieden, weil ich keine Antworten auf meine Fragen bekommen hatte, traf ich erst spät wieder im Hotel ein. Der Aufsteller an der Rezeption war verschwunden. Ich fragte den Nachtportier, der gut Deutsch sprach, wo denn die Prospekte geblieben seien. Seine Antwort: »Aber hier hat nie ein Prospektaufsteller gestanden!«

Am nächsten Morgen fragte ich dann den Chef des Hotels, doch der erzählte mir das Gleiche. Endlich kam ich auf die Idee, in der Tasche meiner Motorradjacke nachzusehen, wo ich den Prospekt eingesteckt hatte. Fehlanzeige: Auch hier war er nicht auffindbar.

Was damals eigentlich geschah, kann ich mir bis heute nicht erklären. Die Kirche habe ich in den folgenden Jahren noch zweimal besucht. Die Baustellen waren inzwischen beseitigt, das Café und die Terrasse fertiggestellt. Von der älteren Dame fand ich leider nie mehr eine Spur.

Vor einigen Jahren habe ich meine jetzige Frau mit auf den Berg genommen und ihr in der Kirche einen

Heiratsantrag gemacht. Sie hat ja gesagt, und wir sind bis heute glücklich verheiratet.

Es gibt Orte und Geschehnisse, die man sich nicht rational erklären kann. Und das ist auch gut so. Der Mensch ist oft viel zu sehr von seinem Verstand geleitet. Der Ort mit der Kirche und dem Kloster wird immer etwas Besonderes für mich bleiben, und der dort vorgebrachte Heiratsantrag hat mir bis heute Glück gebracht!

Vier beste Freunde

von LISA N.

Als Teenager musste ich einmal die Klasse wiederholen – ich hatte in dem betreffenden Schuljahr meine Zeit weniger mit Lernen, dafür aber mit vielen Ausflügen in die Natur verbracht. Vor dem Schulbeginn im Herbst war ich ganz schön neugierig, was auf mich zukommen würde.

Am ersten Schultag nach den Ferien betrat ich gespannt meine neue Klasse, und der Lehrer setzte mich gleich ganz nach vorn in die erste Reihe, wohl um mich immer im Auge behalten zu können. Ich besuchte damals eine reine Mädchenschule, und wir waren über vierzig Schülerinnen in der Klasse. Kein Problem also, neue Kontakte zu knüpfen: Schnell kam ich ins Gespräch mit meiner Banknachbarin und auch mit dem Mädchen in der Reihe hinter mir. Ihr Name war Felicitas, alle nannten sie »Feli«. Der erste Schritt auf dem Weg in eine lange Freundschaft war getan.

Feli und ich verstanden uns auf Anhieb, aber manche unserer Mitschülerinnen kamen oft mit unserem »speziellen« Humor, wie wir ihn nannten, nicht gut zurecht. Feli und ich unternahmen sehr viel miteinander, machten auch den ersten Tanzkurs gemeinsam. Als schließlich die große Zeit der Partys begann, waren wir natürlich sofort überall dabei.

Auf der Party eines Freundes lernten wir eines Abends dann Hans kennen, der sehr gut aussah. Als wir später nach Hause wollten, fuhr uns Hans erst zu mir nach Hause, da ich etwas entlegen am Stadtrand wohnte, und anschließend wurde dann Feli heimgebracht.

Am darauffolgenden Wochenende im November 1981 waren natürlich wieder Party und Disko angesagt, und wir beschlossen, in den beliebtesten Club der Stadt zu gehen. Dort trafen wir Hans, und der stellte uns seinen besten Freund Alex vor.

Die Freundschaft zwischen Feli und mir bedeutete uns beiden sehr viel, und es gab beim Kennenlernen von Jungs nie Probleme oder Eifersüchteleien, wer wem besser gefiel. So auch dieses Mal: Es stellte sich heraus, dass Feli den Hans ganz anziehend fand, und mir gefiel sein Freund Alex sehr gut. Wir Mädchen hatten damals noch kein Auto, da ich erst achtzehn war und gerade den Führerschein machte; Feli war sogar erst siebzehn. Daher waren wir immer mehr oder weniger darauf angewiesen, dass uns jemand nach Hause brachte.

Da wir in einer Kleinstadt wohnten, war es unvermeidlich, dass man sich immer wieder einmal über den Weg lief. So war es auch mit unseren neuen Bekanntschaften Hans und Alex: An den Wochenenden traf man sich in der Disko, und unter der Woche hin und wieder in Cafés.

Alex war zum Zeitpunkt unseres ersten Treffens noch mit seiner langjährigen großen Jugendliebe zusammen, sogar eine Heirat stand schon in Aussicht, zumindest von Seiten seiner Freundin. Für ihn war das jedoch noch kein Thema, da er soeben erst einen neuen Job im Modevertrieb angefangen hatte. Auch sein bester Freund Hans war liiert, und das ebenfalls seit vielen Jahren.

Für meine Freundin und mich, die wir beide noch in der Ausbildung waren (Feli lernte Friseurin und ich bei einem Rechtsanwalt), begann eine großartige neue Zeit. Wir kannten zwei wirklich tolle junge Männer, die ebenfalls beste Freunde waren und mit denen wir viel unternahmen, wir gingen gemeinsam Skifahren und machten Ausflüge. Als ich dann auch noch meine Führerscheinprüfung bestand, schien das Leben perfekt.

Feli und ich wollten endlich mobil sein, und da traf es sich gut, dass Alex mir seinen Zweitwagen, einen Mini Cooper, verkaufte. Er hatte ihn eigentlich seiner Freundin schenken wollen, doch die hatte ihn wohl einmal mit mir im Wagen gesehen und war nun nicht mehr an dem Fahrzeug interessiert. Jetzt waren Feli und ich endlich frei! Unser erstes Auto – ein knallroter Mini! Ich werde dieses kleine Auto nie vergessen.

Nach einiger Zeit ging die Beziehung von Alex und seiner Freundin dann in die Brüche. Ihr hatte es einfach zu lange gedauert mit dem Heiratsantrag ... Nun trafen Alex und ich uns immer öfter und verbrachten eine wundervolle Zeit zusammen. Da er mich aber noch zu jung für eine feste Beziehung fand, trennten sich nach einem Jahr On-off-Beziehung unsere Wege.

Auch die Freundschaft zwischen Feli und Hans ging leider auseinander, und so waren wir zwei beste Freundinnen eines Tages wieder bereit für neue Abenteuer.

Ein paar Jahre später heiratete Alex dann ein Model, das er durch seinen Job kennengelernt hatte. Sein bester Freund Hans heiratete seine Jugendliebe.

Hübsche Geschichte so weit, werden Sie als Leser jetzt denken. Aber warten Sie mal ab, was das Leben noch an Überraschungen für uns bereithielt!

Ein paar Jahre gingen ins Land, Beziehungen entstanden und brachen wieder entzwei. Feli verliebte sich und wurde schwanger. Nach der Hochzeit zog sie mit ihrem Mann in ein kleines Häuschen am Stadtrand, und bald wurde ihr Sohn Benedikt geboren. Ich freute mich unheimlich, dass ich »Tante« wurde, für den kleinen Kerl war ich wie eine zweite Mutter. An den Samstagen, wenn Feli im Friseursalon ihrer Mutter arbeitete, holte ich den Kleinen oft ab, und wir gingen einkaufen. Wir genossen beide diese Nachmittage sehr.

Leider ging die Ehe nach ein paar Jahren in die Brüche, es passte einfach nicht mehr. Feli zog mit ihrem kleinen Sohn wieder zurück ins Elternhaus, und ihre Mutter war als stolze Oma überglücklich, das Enkelkind in ihrer Nähe zu haben. So konnte sich Feli in die Arbeit stürzen und übernahm schon bald das Geschäft von ihrer Mutter. Ihr Sohn war bei der Oma in bester Obhut.

Ich selbst hatte zu dieser Zeit eine gut zweijährige Beziehung hinter mir, die nicht nur aus schönen Stunden bestanden hatte. Obwohl ich noch so jung war, verfügte ich zum Glück über genügend gesunden Menschenverstand, um zu erkennen, dass eine Beziehung, in der einer der Partner total unterdrückt wird und leidet, nicht viel Sinn hat. Meine Eltern waren immer auf meiner Seite, boten mir daheim einen sicheren Rückzugsort und hatten jederzeit ein offenes Ohr für mich. Es gab keine Vorwürfe. Ich wusste, dass sie, egal was vorgefallen war, immer zu mir stehen würden.

Also waren wir beide, Feli und ich, wieder als frischgebackene Singles zusammen unterwegs, was uns unendlich guttat. Bevor wir uns zu Hause bei unseren Eltern versteckten, gingen wir lieber unter Menschen. Natürlich machten wir auch die eine oder andere Bekanntschaft, aber es passte nie so richtig. Als ich eines Abends von der Arbeit kam, erzählte meine Mutter, dass jemand für mich angerufen habe, ein gewisser Alex. Zuerst konnte ich den Namen niemandem aus meinem Umfeld zuordnen – zwar kannte ich einige junge Männer mit diesem Vornamen, warum aber einer von ihnen mich anrufen sollte, war mir ein Rätsel.

Also wählte ich einfach die Nummer, die der Anrufer hinterlassen hatte. Es war eine riesige Überraschung, dass jener Alex am Apparat war, den ich über seinen Freund Hans vor einigen Jahren kennengelernt und mit dem ich mich eine Zeit lang getroffen hatte. Nach einem kurzen Smalltalk fragte er mich, ob ich noch in der Anwaltskanzlei arbeitete. Ich vermutete sogleich, dass es sich um einen Unfall oder einen anderen Rechtsstreit handelte, doch er sagte nur: »Es geht um Scheidung.« Darauf ich: »Wer lässt sich denn scheiden?«

»Ich«, antwortete er.

Ich war ehrlich betroffen und riet ihm: »Sieh zu, ob du das nicht wieder hinbekommst. Eine Ehe ist doch etwas Schönes, das sollte man nicht einfach so beenden.«

Ich kannte durch meine Tätigkeit in der Anwaltskanzlei durchaus die berüchtigten Scheidungsschlachten. Dass so etwas in meinem näheren Umfeld geschah, war dann doch etwas anderes.

Da ich vorhatte, mich an diesem Abend noch mit Feli zu treffen, würgte ich das Telefonat mit Alex ab und sagte, er solle sich am Montag doch in der Kanzlei bei mir wieder melden.

Die Sache ging mir nicht mehr aus dem Kopf. Zwar hatte ich in den letzten Jahren Alex immer wieder einmal im Ort gesehen, was in einer Kleinstadt wie unserer nicht ungewöhnlich war, aber irgendwie bekam ich nun doch ein bisschen Herzklopfen.

Später erzählte ich Feli in der Bar, in der wir uns trafen, natürlich gleich die Neuigkeiten. Sie war nicht wirklich überrascht – sie hatte immer wieder einmal gemeint, dass Alex und ich sicher eines Tages noch zueinander finden würden. Als er dann prompt am selben Abend in der Bar erschien, flammten die alten Gefühle wieder auf. Natürlich war ich nun ein paar Jahre älter und auch reifer. Die fünf Jahre Altersunterschied zwischen uns wären jetzt kein Thema mehr, früher jedoch sehr wohl.

Wir unterhielten uns an diesem Abend noch sehr lange, und er brachte mich nach Hause. Eine Verabredung für den nächsten Tag folgte, und so kamen wir uns langsam wieder näher. Viele Gespräche, auch über seine Ehe, waren unvermeidlich. Seine Noch-Ehefrau verließ ihn wegen eines anderen, von dem sie bereits schwanger war. Mein Chef, sehr bekannt als Scheidungsanwalt, sorgte schließlich dafür, dass die ganze Angelegenheit so rasch wie möglich und sauber über die Bühne ging.

Alex war wieder frei, aber die Ehe oder besser gesagt: die Art und Weise, wie sie zu Ende ging, hatte ihn sehr belastet. Er und seine Frau hatten damals auf Hawaii geheiratet, eine Traumhochzeit, und mir war klar, dass die Nachwehen dieser Ehe lange andauern würden.

Anfangs war es für mich unvorstellbar, eine feste Beziehung mit ihm einzugehen, da die Gespräche und Erinnerungen über seine Exfrau enorm viel Raum einnahmen. Er verglich mich ständig mit ihr, und wenn wir im Urlaub an einen Ort kamen, wo er schon einmal mit ihr gewesen war, wurde alles wieder aufgewühlt.

Die erste Zeit war das sehr schwierig für mich. Bald stellte ich aber fest, dass mir dieser Mensch unglaublich viel bedeutete. Er strahlte eine Wärme und Güte aus, die ich vorher noch nie von einem Mann empfangen hatte. Wir konnten miteinander über alles reden, und das Vertrauen zwischen uns wurde immer stärker.

Privat lief es bei mir also wunderbar, und ich war ein sehr glücklicher Mensch. Mein Job in der Anwaltskanzlei war zwar interessant, dennoch entschloss ich mich nach acht Jahren zu einer Veränderung. Was nicht zuletzt mit der Frau meines Chefs zu tun hatte, die uns allen in der Kanzlei das Leben schwermachte. Nachdem ich ein Jahr lang die Abendschule besucht und den Abschluss zur fachlich geprüften Chefsekretärin gemacht hatte, wollte ich beruflich neue Wege gehen.

Ein guter Bekannter führte seit ein paar Jahren eine Immobilienfirma und war auf der Suche nach einer Sekretärin. Kurzerhand kündigte ich in der Anwaltskanzlei und bewarb mich bei ihm. Aufgrund meiner beruflichen Erfahrung bekam ich die Stelle und fing schon bald dort zu arbeiten an.

Zu der Zeit wohnte ich immer noch zu Hause bei meinen Eltern. Meine Mutter regte an, dass ich doch mit Mitte zwanzig an eine eigene Wohnung denken könne. Ich verdiente genug Geld, um meine ersten eigenen vier Wände zu beziehen. Klein und fein und mitten in der Stadt.

Mit Alex lief alles bestens. Er zog aus der ehelichen Wohnung aus und suchte sich ein neues Zuhause. Wir besuchten uns häufig, und unsere Beziehung wurde von Tag zu Tag vertrauter. Doch wir fanden, es wäre noch zu früh, um zusammenzuziehen. Darüber sprachen wir auch gar nicht. Mir war klar, dass er nach dem Scheitern seiner Ehe erst einmal zu sich finden musste und nicht gleich die nächste Lebensgemeinschaft eingehen sollte.

Feli und ich waren all die Jahre immer in Kontakt. Unsere Freundschaft war ein wichtiger Bestandteil in meinem Leben. Feli kannte Alex ja noch von früher, als er mit seinem besten Freund Hans um die Häuser gezogen war. Hans' Ehe, der unglaublicherweise am selben Ort wie Alex geheiratet hatte – nämlich auf Hawaii –, hatte seinen Freundeskreis sehr beschränkt. Er hatte nur noch selten Kontakt zu seinem besten Freund Alex, da die Ehefrau von Hans wusste, dass Feli und ich seinerzeit mit den Jungs oft zusammen gewesen waren – Eifersucht ohne Ende.

Nach knapp vier Jahren Beziehung, die für uns sehr harmonisch und vertraut war, beschlossen Alex und ich, zu heiraten. Da er ja bereits verheiratet gewesen war, ich aber unbedingt kirchlich heiraten wollte, fragte ich im Standesamt nach, ob das irgendwie möglich wäre. Seine erste Heirat auf Hawaii war nie in Deutschland anerkannt worden.

Demzufolge war auch die Scheidung überflüssig gewesen. Diese Tatsache prüft jedoch kein Anwalt oder Richter nach. Jedenfalls konnten wir am Ende doch kirchlich heiraten. Für mich ging damit ein Traum in Erfüllung. Wir suchten uns eine kleine Wallfahrtskirche in den Bergen aus und baten natürlich Hans und Feli, unsere Trauzeugen zu werden.

Es war für mich der schönste Tag meines Lebens. Mein Vater führte mich zum Altar und übergab mich an Alex mit den Worten: »Ich war nun fast dreißig Jahre für Inge da, und jetzt bist du an der Reihe. Pass bitte gut auf sie auf!«

Die Trauung vollzog der Pfarrer, der uns auch auf der Schule begleitet hatte, und so war es ein sehr persönlicher Tag. Unsere Familien, unsere Brüder und die Freunde begleiteten uns auf diesem Weg. Und Benedikt, der kleine Sohn von Feli, damals drei Jahre alt, streute Blumen.

Nach der Trauung verbrachten wir unsere Flitterwochen mit einem eng befreundeten Ehepaar, das ebenfalls in der Modebranche tätig war. Irgendwann sprachen wir im Scherz darüber, ob ich nicht auch in diese Branche wechseln wollte. Doch ich war damals glücklich im Büro und konnte mir einen Job in der Modewelt nicht für mich vorstellen.

Da mich dieser Gedanke aber nicht mehr losließ, beschloss ich, es einfach mal auszuprobieren, und arbeitete von da an nur noch vier Tage in meinem bisherigen Job, und einen Tag pro Woche half ich Alex in seiner Firma. Ich konnte mir so nach und nach ein Bild machen und feststellen, ob es für mich in Frage käme.

Als ich knapp ein Jahr nach unserer Eheschließung von Alex' Firma das Angebot bekam, die Vertretung für die Damenkollektion zu übernehmen, war ich platt. Eine riesige Chance tat sich für mich auf. Zwar war ich glücklich in meinem bisherigen Job gewesen, aber ich hatte nun das Gefühl, dass mein Mann mich brauchte. Knapp zwei Wochen überlegte ich und notierte mir Stichworte pro und contra auf einem Blatt Papier. Dann bat ich um einen Termin bei meinem damaligen Chef und teilte ihm mit, dass ich kündigen würde. Auch als er mein bereits sehr gutes Gehalt verdoppeln wollte, ließ ich mich nicht aufhalten. Es ging nicht um Geld, sondern um die Beziehung zu meinem Mann. Er war sehr positiv überrascht, als ich ihm meinen Entschluss mitteilte, und freute sich auf unser gemeinsames berufliches Projekt.

Kurz darauf teilte uns sein bester Freund Hans mit, dass er Deutschland verlassen und mit seiner Frau in die USA ziehen werde, nach New York.

Wir feierten zusammen Abschied und brachten die beiden dann zum Flughafen. Klar, die Freundschaft zwischen den Männern war noch sehr eng, aber die Distanz war doch enorm. Es war nicht mehr möglich, einfach so auf einen Drink zu gehen. Auch die Telefonate waren wegen der Zeitverschiebung schwierig.

Als das Jahr zu Ende ging, beschlossen Alex und ich, seinen Freund und dessen Frau in New York zu besuchen und gemeinsam Silvester zu feiern. Bereits bei unserer Ankunft stellten wir fest, dass sich seine Frau sehr verändert hatte. Mit Deutschland hatte sie komplett abgeschlossen, und wir fühlten uns während unseres Besuchs wie Störfaktoren. So kam es, dass wir gleich am Neujahrstag in N.Y. die Koffer packten und in die Sonne nach Miami flogen, bevor es wieder nach Hause ging.

Feli lebte zu dieser Zeit mit ihrem Sohn und ihrem neuen Freund zusammen. Trotzdem war sie immer auf dem Laufenden, wie es Hans in den Staaten erging. Er kam mindestens einmal im Jahr nach Hause, da ja seine Eltern in Deutschland leben. Unweigerlich lief er dabei auch immer Feli über den Weg, die aber eher zurückhaltend war. Jeder von ihnen war schließlich in einer festen Beziehung.

Leider hielt die Ehe von Hans nicht lange, und seine Frau kehrte aus den USA zurück nach Deutschland und lebte wieder bei ihren Eltern.

Längere Zeit beobachtete ich die Sache, und für mich stand fest, dass unsere beiden besten Freunde wie füreinander geschaffen waren. Die Frage war nur, wie es weitergehen sollte.

Als Hans dann eines Tages im Dezember wieder nach Deutschland kam, um hier Weihnachten zu verbringen, planten wir ein Wochenende auf einer Hütte. Es sollten auch noch ein paar andere Freunde dabei sein. Spontan kam mir die Idee, Feli zu fragen, ob sie nicht mitkommen wolle. Sie stimmte sofort zu, und wir verbrachten schöne Tage im kleinen Freundeskreis auf einer Berghütte im Schnee. Schon da bemerkte ich, dass zwischen Hans und Feli die

Funken sprühten. Aber leider waren unsere beiden Freunde noch nicht bereit für den nächsten Schritt.

Zu Silvester feierten Alex und ich dann mit Hans allein in München. An diesem Abend war zu spüren, dass Hans sehr viel für Feli empfand. Durch ihre Beziehung mit einem anderen war er jedoch blockiert. Nun musste gehandelt werden. Im Januar, kurz vor seiner Abreise in die USA, baten wir beide um einen gemeinsamen Abend in München. Wir vier gingen essen und unterhielten uns angeregt. Im Nachhinein denke ich, dass hier der Funke zwischen den beiden übergesprungen ist.

Als Hans am nächsten Tag in die Staaten zurückflog, war Feli sehr traurig. Damit begann eine Fernbeziehung, die über einige Jahre anhielt. Und als Hans berufsbedingt von der Ostküste an die Westküste umzog, war der Zeitunterschied noch größer. Bei einem ihrer Besuche in Los Angeles fragte er Feli schließlich, ob sie sich vorstellen könne, dort zu leben. Sie wagte den Schritt, gab hier alles auf und zog nach L. A.

Jetzt leben unsere besten Freunde schon seit Jahren in den USA, und wir freuen uns jedes Mal riesig, wenn wir uns sehen. Fast jedes Jahr fliegen wir zu ihnen, und Weihnachten kommen sie nach Deutschland.

Klar, die Zeitverschiebung ist enorm. Telefonieren geht meist nur abends nach unserer Zeit. Aber unsere Freundschaft war schließlich schon immer eher von Qualität gesegnet statt von Quantität.

Benedikt, Felis Sohn, ist ebenfalls glücklich über diese Beziehung. Er lebt sein eigenes Leben, weiß aber, dass seine Mutter immer für ihn da ist. Und außerdem gibt es ja auch noch mich, die sogenannte »Ersatz-Mama«.

Viele Freundschaften verblassen im Lauf der Zeit oder gehen auseinander. Wir vier sind sehr stolz auf unsere Freundschaft!

So haben erst Alex und ich nach vielen Jahren Abstand zueinander gefunden, und unseren besten Freunden Feli und Hans ging es ähnlich.

Wir vier werden nie vergessen, wie alles begann – nämlich in dem Moment, als zwei junge Schülerinnen sich eines Abends auf einer Party mit einem gutaussehenden Jungen namens Hans anfreundeten ...

Eine Entscheidung
von enormer Tragweite

von RICHARD A.

Als ich Ende Dezember 1991 nach vielen Jahren erfolgreicher Berufstätigkeit mein Textilgeschäft in München geschlossen hatte, stand ich vor der schwierigen Frage, wie es jetzt beruflich bei mir weitergehen sollte.

Noch während des vierwöchigen Räumungsverkaufs vor Weihnachten sprach mich ein sehr guter Stammkunde an, ob ich nicht Lust hätte, in seinem Unternehmen mitzuarbeiten. Auf meine Frage, um welche Tätigkeit es sich denn handle, erhielt ich die Antwort, dass es sich um den Verkauf von steuerbegünstigten Immobilien sowie von Lebens- und anderen Versicherungen handle.

Wir vereinbarten eine sechsmonatige Zusammenarbeit auf Probe, damit ich mir einen Eindruck von der neuen Tätigkeit verschaffen konnte. Nach relativ kurzer Zeit jedoch kam ich zu der Einschätzung, dass dieser Job mir auf Dauer nicht liegen würde. Zum einen waren damit zahlreiche Seminarbesuche verbunden, zum anderen erforderte der Job viele Abend- und Wochenendtermine bei Kunden, um ihnen nach Feierabend eine Lebens-, Kranken- oder Unfallversicherung zu verkaufen.

Nach vier Monaten beendete ich dann die Zusammenarbeit – und stand damit erneut vor der Frage, was ich als Nächstes anpacken sollte, ob ich wieder in die Textilbranche wechseln oder etwas völlig Neues versuchen sollte. Aber was?

Nach langem Hin- und Herüberlegen schlug mir mein jüngerer Bruder, der schon seit ein paar Jahren als selbstständiger Handelsvertreter in der Einrichtungsbranche in Bayern unterwegs war, vor, ihn auf die nächste große Messe, die »Ambiente«, nach Frankfurt zu begleiten.

»Auf dieser weltgrößten Konsumgütermesse kannst du ja einmal versuchen, eventuell eine Handelsvertretung im Geschenkartikelbereich zu finden« meinte er.

Auf meinen Einwand: »Du hast leicht reden, du bist schließlich schon viele Jahre in diesem Beruf etabliert, aber für mich ist das völliges Neuland!«, entgegnete er, dass auf dieser Messe die Möglichkeit bestehe, eine Liste von einem Berufsverband für selbstständige Handelsvertreter zu bekommen, auf der Firmen aufgelistet sind, die Außendienstmitarbeiter für bestimmte Regionen suchen.

Also beschloss ich kurzerhand, meinen Bruder nach Frankfurt zu begleiten, um dort eine passende Handelsvertretung zu recherchieren. Gleich am Samstag nach unserer Ankunft auf dem Messegelände begab ich mich in das Büro des Berufsverbandes und besorgte mir eben jene Liste mit Vertretungsangeboten. Dieses Unterfangen gestaltete sich jedoch schwieriger, als ich anfangs gedacht hatte. Man muss wissen, dass sich auf diesem weitläufigen Messegelände zur damaligen Zeit, also Anfang der 1990er Jahre, etwa zwölf riesige Messehallen mit jeweils vier Etagen befanden.

Mit meiner Liste in der Hand zog ich nun los, um Firmen in den verschiedenen Hallen und Stockwerken aufzusuchen, die Vertreter in den unterschiedlichsten Branchen im Geschenkartikelbereich anwerben wollten. Für mich als absoluten Neuling auf diesem Gebiet war es sehr schwer einschätzbar, ob es sich um eine gute, eine schlechte oder eine völlig uninteressante Repräsentanz handelte.

Jedenfalls war ich von acht Uhr morgens bis sechs Uhr abends von einer Halle zur nächsten und von einem Stand zum anderen unterwegs, ohne wirklich fündig zu werden. Entweder waren es Vertretungen, die erst auf- oder ausgebaut werden mussten, oder aber es handelte sich um Firmen, deren Sortiment mir eher unverkäuflich schien.

Nach der Rückkehr abends zu dem Messestand meines Bruders sagten er und seine Kollegen mir auch aus eigener Erfahrung, dass ich von den von mir aufgesuchten Firmen lieber die Finger lassen sollte – aus unterschiedlichen Gründen.

So, nun stand ich da, müde und mit schmerzenden Füßen, ohne etwas erreicht zu haben.

Abends fuhren dann mein Bruder und ich in die Frankfurter Innenstadt zum Abendessen, wo wir

Kollegen meines Bruders und befreundete Aussteller in einem gemütlichen Lokal trafen. Allmählich ging es meinen Füßen wieder besser, und als ich mir vor lauter Frust über den vergangenen Tag gerade das dritte Bier bestellen wollte, fragte mich mein Gegenüber, was ich denn beruflich so machte. Momentan nichts, antwortete ich dem Herrn, der, wie sich später herausstellte, der Juniorchef einer erfolgreichen hanseatischen Teeimport-Firma war.

Dann erzählte ich ihm von meinem bisherigen beruflichen Werdegang, von meinen Bemühungen, eine geeignete Handelsvertretung zu finden, und wie schwierig sich dies bislang gestaltet hatte. Ganz spontan und ohne lange zu überlegen, meinte er, dass er eventuell eine Vertretung für mich wisse. Sollte diese Empfehlung zum Erfolg führen, müsse ich als »Provision« seinen beiden Kindern lebenslang zu Weihnachten ein kleines Geschenk schicken. Das machte mich natürlich neugierig.

Auf meine Frage, um welche Art von Vertretung es sich denn hier handele, erklärte er mir, dass es um ein Hamburger Importunternehmen gehe, das Weihnachtsartikel, Osterartikel, Glas- und Porzellanartikel sowie vieles mehr aus China importierte. Viel konnte ich mir natürlich darunter nicht vorstellen, aber der nette Herr erklärte sich bereit, mich am morgigen Sonntag dem Geschäftsführer des Unternehmens vorzustellen.

Pünktlich um neun Uhr morgens zu Messebeginn standen wir bei besagter Firma auf deren damals nur dreißig Quadratmeter kleinem Messestand. Nach kurzer Vorstellung ließ mich mein neuer Bekannter mit dem Geschäftsführer des Importunternehmens allein. Als mein Blick über den Stand schweifte, dachte ich: Wo bin ich denn hier nur hingeraten? Auf mich machte der Stand einen sehr verwirrenden Eindruck. Eine Ansammlung von Weihnachtsengeln, Nikoläusen, Schneemännern, Windlichthäuschen, Osterhäschen, Gartensteckern, Porzellan- und Keramikfiguren und so weiter.

Kurz gesagt: Es sah aus wie auf dem Schießstand!

Oje, und das soll ich in Zukunft verkaufen? Kann man damit überhaupt Geld verdienen?, fragte ich mich zweifelnd. Mir gefielen die angrenzenden großen, geschmackvoll und aufwändig dekorierten Messestände, die ich auf dem Weg zu meinem Vorstellungstermin passiert hatte, viel besser.

Aber nun zu dem Gespräch mit dem Geschäftsführer des Unternehmens. Ich berichtete ihm von meinem bisherigen Werdegang: Schulabschluss, Kaufmannslehre, Textilfachschule, Mitarbeit im elterlichen Modegeschäft und zuletzt meine eigene Selbstständigkeit und mein »Ausflug« in die Versicherungs- und Immobilienbranche.

Was mir jedoch während unseres Gespräches auffiel, war die Tatsache, dass sich der Messestand schon zu dieser frühen Stunde immer stärker mit Kunden füllte, während an den schicken Ständen ringsherum nichts los war.

Der Geschäftsführer bat mich, an ein Regal zu gehen, das mit den erwähnten Keramikfiguren, genauer gesagt: handbemalten Weihnachtsengeln von fünf bis sechs Zentimetern Höhe, gefüllt war, und forderte mich auf, den Preis für ein Einzelexemplar dieser Engel zu schätzen. Zwischen fünf und sechs Deutsche Mark, schätzte ich. Voller Stolz sagte der Geschäftsführer: »Nein, nur neunundneunzig Pfennig!« Und das nicht etwa für einen einzelnen Engel, sondern für ein Viererset. Vier Stück für nur neunundneunzig Pfennig! Und diese Vierersets wurden dazu nur im Karton verkauft. Von diesem Artikel befanden sich 288 Vierersets in einem Karton. Die Abnehmer waren Großhändler, Möbelhausketten, Gartencenter, der Versandhandel, Weihnachtsmärkte, Geschenkartikelketten und viele andere mehr.

Ich muss zugeben, das hat mir schon imponiert. Wir sprachen dann noch über dieses und jenes, und der Geschäftsführer meinte, ich solle doch am selben Mittag so gegen zwei Uhr nochmals vorbeikommen, denn dann sei auch der Chef aus Hamburg angereist, und wir könnten zusammen die weitere Vorgehensweise besprechen.

Mit einem sehr guten Gefühl machte ich mich auf den Weg zum Messestand meines Bruders. Ihm und seinen Kollegen berichtete ich von meiner möglichen neuen Vertretung und hörte nur äußerst positive Kommentare über dieses Importunternehmen aus Hamburg.

Meinem Bruder erzählte ich, dass ich um zwei Uhr einen weiteren Termin hätte, um mit dem Chef einzelne Punkte abzuklären. Er erklärte sich bereit, mich zu begleiten, um mich bei verschiedenen Fragen zu unterstützen.

Pünktlich um zwei standen wir auf dem Messestand der Hamburger Firma. Der Stand war mittlerweile brechend voll mit Kunden, und alle Vertreter und Mitarbeiter waren engagiert im Einsatz, um Kunden zu beraten und Aufträge zu schreiben. Wir lernten sodann den Chef kennen, und mein Bruder und ich führten mit ihm und dem Geschäftsführer ein anregendes Gespräch über eine mögliche Zusammenarbeit.

Bald schon waren wir uns einig, dass wir es miteinander versuchen wollten. Man machte mir den Vorschlag, dass der Chef sich Anfang Oktober bei mir melden werde, um dann bei meinem folgenden Besuch am Hamburger Firmensitz die vertraglichen Vereinbarungen zu treffen.

Ferner müssten sie sich noch mit dem Vertreter, der das Gebiet Bayern bisher betreut hatte, wegen der Abfindungszahlung einigen. Als ich fragte, warum der Herr denn aufhöre und die Vertretung frei werde, antwortete man mir, dass sie mit dem Mann sehr zufrieden gewesen seien und es bedauerten, dass er nicht mehr für das Unternehmen tätig sein werde.

Der Grund für die Beendigung der Zusammenarbeit war, dass der verheiratete Mann und Familienvater mit drei Töchtern eine Geschlechtsumwandlung zur Frau hinter sich hatte. Dies hatte sich schon über mehrere Jahre hingezogen. Mir wurde erklärt, dass es im überwiegend katholischen Verkaufsgebiet Bayern bei den Kunden gar nicht gut ankam, dass der Vertreter zuerst als Frau und das nächste Mal als Mann zum Kundentermin erschienen war. Außerdem waren verständlicherweise die psychischen und physischen Belastungen bei einer solchen Entscheidung enorm hoch.

Das hat mich natürlich sehr erstaunt, aber andererseits, wie es eben im Leben oft so spielt, hat diese schwerwiegende Entscheidung meines Vorgängers mein eigenes berufliches Leben von Grund auf verändert.

Mir war klar, dass die Firma sich bei mir erst im Oktober melden würde, da zuerst mit dem bisherigen Vertreter/der bisherigen Vertreterin alles geregelt werden musste. Kurz vor der Verabschiedung auf dem Frankfurter Messestand machte ich dann noch die Bemerkung, dass hier ja mächtig viel Betrieb sei. Da schaute mich der Chef kurz an und meinte dann, ich könne gern gleich mitarbeiten. Es wären viele Kunden aus Bayern am Stand.

So zögerte ich nicht lange, ließ mir einen Auftragsblock und einen Stift geben und legte los. Ich war ohnehin bis zum Ende der Messe in Frankfurt und hatte genügend Zeit. Meine zupackende Art schien dem Chef zu gefallen, was seine Miene unmissverständlich ausdrückte. Es waren dann noch sehr interessante Tage bis zum Messeschluss, und ich hatte mich schon ganz gut eingearbeitet und mich mit den neuen Kollegen bekannt gemacht.

Am Dienstagabend nach dem Ende der Messe fuhren mein Bruder und ich wieder nach München zurück. Nun musste ich abwarten, bis ich den Anruf aus Hamburg erhielt. Wie zugesagt, rief mich der Chef Anfang Oktober an und bat mich kurzfristig nach Hamburg, um die vertraglichen Formalitäten zu erledigen.

Schon eine Woche später reiste ich mit der Bahn nach Hamburg. Am Hauptbahnhof wurde ich von einem Mitarbeiter des Unternehmens abgeholt und zum Firmensitz gebracht. Nachdem ich bei meiner Ankunft von den Angestellten und der Geschäftsführung herzlich begrüßt worden war und wir die Geschäftsräume besichtigt hatten, wurde anschließend ein Handelsvertretervertrag mit sechsmonatiger Probezeit von beiden Parteien unterzeichnet.

Natürlich musste ich mich in meinem Vertretungsgebiet, dem Bundesland Bayern, erst einarbeiten. Doch bereits nach ein paar Terminen bei Kunden und verschiedenen Messebesuchen kam ich gut zurecht. Außerdem wurde ich von der Zentrale in Hamburg sehr unterstützt. Das war der Beginn einer wunderbaren und erfolgreichen Zusammenarbeit, die einundzwanzig Jahre währen sollte.

Es war das Jahr 1954

von MARIA P.

Ich war gerade mal neunzehn Jahre alt und in einem großen Kaufhaus als Büffetkraft angestellt. Wegen der Neueröffnung des Geschäfts wurde eine Art »Richtfest« veranstaltet mit vielen geladenen Gästen und Kunden, auch der Bürgermeister war anwesend, und zahlreiche Prominente feierten ebenfalls mit. Für uns Angestellte gab es aus diesem Anlass viel Arbeit, es musste alles perfekt vorbereitet werden. Und auch an dem betreffenden Abend waren wir Mitarbeiter für den reibungslosen Ablauf der Feier verantwortlich. Gegen drei Uhr morgens war dann endlich Schluss, und wir durften nach Hause gehen.

Ein älterer Kollege war besorgt wegen meines Heimwegs zu dieser späten Stunde und riet mir, mich einem neu eingestellten Mitarbeiter anzuschließen und mir mit ihm ein Taxi zu teilen. Die Firma übernehme die Kosten.

Gesagt, getan. Der »Neue«, ein sehr gut aussehender Mann von fünfunddreißig Jahren, der mir jungem Mädchen ein bisschen Respekt einflößte, rief für uns ein Taxi. Wir unterhielten uns während der Fahrt sehr nett, und er ließ den Taxifahrer zuerst meine Adresse anfahren, wo ich ausstieg. Dann fuhr er weiter zu sich nach Hause.

Am nächsten Tag in der Firma kam er auf mich zu und meinte scherzhaft: »Dafür, dass ich Sie gestern so nett nach Hause begleitet habe, hätte ich mir eigentlich einen Gute-Nacht-Kuss als Dankeschön verdient ...«

»Das fällt Ihnen aber früh ein! Ganz schön frech, heute noch damit anzukommen!«, erwiderte ich spöttisch. »Was kann ich denn dafür, dass Sie so langsam sind?!«

Er sagte mit einem Augenzwinkern: »Warten Sie's ab. Eines Tages bin ich mal nicht mehr zu langsam!«

Von da an haben wir in einer Clique mit anderen Kollegen viel zusammen unternommen und sind uns mit der Zeit dann näher gekommen. Bis mir eines Tages plötzlich klar war: Das ist der Mann meines Lebens!

Wir wurden ein glückliches Paar und haben uns immer gut verstanden.

Doch vier Jahre später wurde mein Freund schwer krank und musste zwei Mal operiert werden. Es ging ihm sehr schlecht, und ich war in großer Sorge um ihn. Jeden Abend nach der Arbeit saß ich bei ihm am Krankenbett, kümmerte mich um ihn und sprach ihm Mut zu.

Da sagte er eines Abends aus heiterem Himmel zu mir: »Du bist die beste Frau, die ich mir vorstellen kann. Ich liebe dich von ganzem Herzen. Bitte lass uns heiraten!«

Ich gab ihm freudestrahlend mein Jawort: »Und du bist für mich die große Liebe meines Lebens«.

So entstand aus einem großen Unglück das größte Glück für uns beide.

Wir waren dreiundfünfzig Jahre zusammen und haben zwei wunderbare Kinder und später tolle Schwiegerkinder bekommen, die unser Glück perfekt gemacht haben. Heute, als allein lebende Frau und Witwe, bin ich ein zufriedener Mensch, denn ich hatte den wunderbarsten Mann und Vater für meine Kinder. Seine Liebe war unser ganzes Glück.

Phönix aus der Asche

von LOUI ZINNOBER

Der Tag, der Moment, der mein ganzes Leben veränderte – und zwar blitzartig, im wahrsten Sinn des Wortes!

Korrekt betrachtet, müsste man eigentlich Menschen über diesen Moment berichten lassen, die sich auch daran erinnern; ich tue dies nämlich nicht, was ich sehr bedauerlich finde, denn dieser kurze Moment muss schon ein sehr spektakulärer Anblick gewesen sein: zwei Blitze und ein Donnerschlag, mit anschließendem Feuer und Rauch.

Großes Theater.

Und ich der Hauptdarsteller in diesem kurzen, heftigen Drama.

Ein schauriger Abgang aus meinem »ersten Leben«. Und mein »zweites Leben« begann. Mit einer langen, schweren, schmerzhaften Geburt.

Ein Sonntag. Frühlingsanfang, Sonnenschein. Verabredung mit Freunden, aufgekratzte Frühlingslaune bei allen. Man entschließt sich dazu, einen Spaziergang zu machen.

Anwesend: ich, sieben Kumpels, eine Frau und ein Schäferhund. Die Szene: Wiesen, ein Sportgelände, Waldrand und ein Rangierbahnhof.

Am Waldrand kraxelten wir noch auf mäßig hohen Bäumen herum, und unter allerlei Geplauder und Allotria erreichten wir den Rangierbahnhof.

Ich hatte damals den starken Drang, mich bei solchen Gelegenheiten in den Vordergrund zu drängen und den Chef-Entertainer, oder auch »Klassenkasper«, zu geben. Die kleinen Bäumchen und ein Jägerhochsitz, auf den ich zwischendurch unter allgemeinem Gelächter hochgeklettert war, brachten mich langsam auf Betriebstemperatur, und so war ich hochentzückt über den Anblick der bei den Gleisanlagen in langen Reihen stehenden Eisenbahnwagons.

Hier muss ich einflechten, dass es zu dieser Zeit für mich und einige meiner Gefährten eine sehr glücksverheißende Zukunftsvision war, in den USA als Eisenbahntramp Karriere zu machen. Oder als Popstar. Oder so.

Dergleichen Hirngespinste sind bei dreizehnjährigen Knaben gar nicht so selten. Ich hatte kurz zuvor allerdings schon meinen siebzehnten Geburtstag gefeiert, woran man leicht erkennen kann, dass ich erstens ein Spätentwickler war und zweitens große romantische Sehnsüchte in mir trug. Und wir waren lauter große Kinder, mit Zigarettenkippe im vorlauten Mund, Bier in der Hand und Rosinen im Kopf. Es war wirklich eine schöne Zeit.

Von meinen romantischen Sehnsüchten habe ich mich nie lösen können und wollen. Glücklicherweise ist es mir gelungen, diese zu meinem Beruf zu machen. Mehr darüber später.

Zurück zum Rangierbahnhof:

Der Anblick dieser gewaltigen Kolosse aus Stahl und Eisen hat mich augenblicklich »elektrisiert«! Seltsam – genau zwei Wochen zuvor, ebenfalls an einem schönen Frühlingssonntag, war ich mit einigen meiner Begleiter an der exakt selben Stelle; wir stiegen damals auf einen dieser Wagons, einen sogenannten »Flachwagen«, wie der Name schon sagt: sehr flach und mit »viel Luft nach oben«, geeignet zum Transport von Containern, LKWs und dergleichen.

Ich erwähne dieses Detail nur deswegen, weil es jetzt gleich eine große Rolle spielt.

Ich habe diesen Ort bei unserem ersten Besuch für mich als »ungefährlich« und als »Spielplatz« abgespeichert.

Mit »Spielplatz« lag ich nicht ganz verkehrt. »Ungefährlich« war ein großer Irrtum.

Wir waren also wieder bei diesen Wagons angelangt, aber nun standen hier keine Flachwagen, sondern offene Schüttgutwagen! Wie groß der Unterschied zwischen diesen beiden Modellen war, sollte ich gleich erfahren. Imponierende Giganten waren diese offenen Schüttgutwagen, sicher fünf Meter hoch, Mordskaliber, von denen ein zukünftiger Eisenbahn-Tramp träumt, eine würdige Herausforderung für einen jungen Helden, den die Zukunft und die ganze Welt insgesamt anlächeln. Auch über diesen Wägen strahlte ein blauer Frühlingshimmel, aber die »Luft nach oben« war schon deutlich weniger. Und jetzt kommt's gleich.

Während ich die Böschung des Bahndamms hinaufstieg, bemerkte ich, dass an der Seite dieses Wagens eine schöne, schlanke Eisenleiter angebracht war. Die Sache konnte gar nicht einladender sein für mich, eine »g'mahde Wies'n«, wie man so schön in Bayern sagt, und nach wenigen Schritten begann ich, wie Matrosen das nennen, »aufzuentern«.

Über meiner Schulter baumelte eine lederne Hundeleine mit massiven eisernen Karabinerhaken. Ich schwang mich auf diese Eisenleiter, und Schritt für Schritt, voller Übermut und Lebenslust, behände wie ein kleiner Affe, kletterte ich meinem neuen Leben entgegen.

Allerdings musste ich vorher noch mein altes Leben beenden, was aber schnell erledigt war.

Man wird nun leicht erraten, wie es jetzt mit dem abenteuerlustigen Spaßvogel weiterging. Ich aber hatte in dem Moment eher das Gefühl, das vielleicht ein Popstar hat, der dabei ist, die Bühne zu betreten. Ein Publikum hatte ich ja auch: Einige meiner Begleiter beobachteten meine Kapriolen amüsiert, noch war alles ganz Frühling, Übermut und Leichtsinn ... Oben am Rand des Wagons angekommen, begann ich mich aus kniender Haltung aufzurichten, dabei hatte ich die Hundeleine in meiner linken Hand und wollte, den Karabinerhaken als »Mikrofon-Ersatz« einsetzend, eine richtig große Ansage starten. Aus einer respektablen Höhe von vielleicht fünf Metern vom Wagon auf die staunenden Gesichter meiner Freunde herabblickend, konnte ich nicht ahnen, dass dies das letzte Bild war, das ich (vorläufig) sehen sollte.

Sonntagnachmittag, kurz nach drei Uhr.

Über meinem Kopf ging plötzlich ein Licht an, und in mir gingen die Lichter aus …

Lange habe ich gebraucht, um mir aus Erinnerungsbruchstücken und Erzählungsfragmenten den Ablauf dieses Tages wieder ins Gedächtnis zu rufen, mindestens ein Jahr verging, bis mir dieser Dies ater, dieser schwarze Tag, wieder lückenlos in Erinnerung war. Den sogenannten »Moment, der mein Leben veränderte« habe ich allerdings nicht bewusst erlebt, ich habe ihn nur überlebt! Ich kenne ihn nur aus der Schilderung meiner Freunde, die diesen Augenblick voller Schrecken mitansehen mussten und ihn sicherlich nie vergessen werden.

Noch während ich mich aus meiner knienden Haltung am Rande des Wagons aufrichtete, trafen mich zwei Blitze – einer fuhr in meine linke Hand, der andere direkt in meinen Schädel.

Wie unschwer zu erraten ist, kamen diese Blitze aus einer Starkstromleitung, die über den meisten Eisenbahnstrecken verlaufen.

Sogar jetzt noch, so viele Jahre nach diesem Furor, ist es mir nach wie vor rätselhaft, warum ich so vollkommen blind und unvorsichtig war und keinen Gedanken daran verschwendete, wie gefährlich und irrsinnig mein Vorhaben war; in keinem einzigen Augenblick während meiner Kletterpartie habe ich nach oben geblickt, somit hat diese Stromleitung für mich gar nicht existiert.

Zwei Wochen zuvor: »Ungefährlich. Spielplatz.«

Das war's.

Und eine besondere Note dieser Wahnsinnstat war ja auch, dass ausgerechnet ich sie beging.

Denn ehrlich gesagt: Weder damals noch heute gehörte ich zu den wagemutigen Draufgängern.

Das war zweifellos die Tat eines Clowns!

Und so passte es dann doch wieder ganz gut zu mir. Es war so ein unglaublich schöner Tag, vor mir lag ein Leben voller Versprechungen und Glück, und ich war wie berauscht vom Frühling und voller Euphorie. Über mir der wolkenlose Himmel, unter mir ein Publikum, das zu mir aufblickte.

Und außerdem:

Welche großartigen »Gründe« braucht schon ein siebzehnjähriger Kindskopf, um grandiose Dummheiten zu begehen?

Wo war ich stehen geblieben? Ach ja.

Zwei Blitze, einer in meinen Schädel, der andere in die Hand.

In meiner Hand einen Karabinerhaken aus Eisen und mit beiden Beinen auf einem Gebirge aus Stahl und Eisen stehend, raste der Strom durch mich hindurch.

Eintrittsloch an der Schädeldecke, Austrittsloch an der Fußsohle.

Die Wirkung war gewaltig.

Mit Wucht wurde ich nach vorn in den oben geöffneten Wagon geschleudert und verschwand plötzlich von der Bildfläche.

Alle, die diese Szene gesehen hatten, standen wie erstarrt, waren unter Schock. Zeitgleich mit dem Blitz gab es ein lautes Explosionsgeräusch.

Auch jetzt realisierte niemand, dass die Starkstromleitung die Ursache dieses Desasters war.

Jahre später hat es mich seltsam berührt, als mir wieder einfiel, dass ich zu dieser Zeit ein begeisterter Leser von alten Sagen gewesen war, also in erster Linie der griechischen, römischen und germanischen Helden- und Göttermythen, bei deren Lektüre es mich mit am meisten begeisterte, wenn Zeus mal wieder seinen Donnerkeil auspackte und damit einen frechen Frevler pulverisierte. Meine Leidenschaft für diese Geschichten ging so tief, dass es für mich tatsächlich oft eine Art Trost war, vom Blitz getroffen und nicht etwa von einem besoffenen Autofahrer überfahren worden zu sein. Ich fühlte mich nicht als »Opfer«, sondern eher als »Täter«, denn ich war ja »aktiv«, sehr sogar!

So saugt man sich in harten Zeiten aus der kleinsten Blüte den Nektar, den man zum Überleben braucht.

Aber jetzt wieder zurück zum Eisenbahnwagon, jetzt wird es erst richtig heftig, denn nun wurde der zweite Gang in diesem opulenten Menü gereicht.

Welche enorme Energie in einer solchen Starkstromleitung steckt, kann man gut beobachten, wenn man an einer Eisenbahnschranke mit dem Auto zum Stehen kommt und eine große Lokomotive eine nicht enden wollende Schlange von Wagons hinter sich herzieht ... Tausende Tonnen von Maschinen, Steinen, Holz, Chemietanks etc. etc. Angeblich waren es 15.000 Volt, 16 2/3 Hz.

Ich habe bis heute keine Ahnung von der Materie.
Aber es muss jedenfalls eine Menge gewesen sein.

Denn diese Energie erzeugte eine so enorme Hitze, dass innerhalb einer Sekunde meine gesamte Kleidung Feuer fing.

Ohne Bewusstsein, lichterloh brennend, lag ich auf einem etwa fünf Meter hohen Eisenbahnwagon. Meine Freunde standen am Rand des Bahndammes, von Entsetzen gelähmt, niemand wusste, was eigentlich passiert war, und von mir war nichts mehr zu sehen, außer meinem rechten Bein, das noch über den Rand des Wagons ragte, ganz in Flammen und von Rauch umhüllt.

Nun geschah etwas, das mich auch nach so vielen Jahren immer noch bewegt und berührt, wenn ich an diesen Tag zurückdenke.

Zwei meiner Freunde, Uli und Hans, stiegen nun ebenfalls auf diesen Güterzug, um nachzusehen, was mit mir passiert war. Als sie über die Kante des Wagons blickten, sahen sie mich, auf einem Haufen Sand, wie tot, in Flammen wie auf einem Scheiterhaufen liegend. Der Abstand zwischen Wagon und Starkstromleitung betrug dort etwa einen Meter. Wenn man weiß, dass schon eine Entfernung von ungefähr hundertfünfzig Zentimetern zu einer Hochspannungsleitung ausreicht, um einen Blitzschlag auszulösen, dann realisiert man sofort, dass meine beiden Freunde sich jetzt in der gleichen Gefahr befanden, der auch ich mich ausgesetzt hatte. Aber auch die beiden dachten nicht an die Stromleitung, die wie ein Damoklesschwert über ihren Köpfen hing.

Mit einem Mantel löschten sie das Feuer.

Keine Sekunde zu früh.

Wenig an mir war unversehrt.

Schwere und schwerste Verbrennungen an den Beinen, am Oberkörper, an den Armen und Händen und am Kopf.

Dass aber meine Freunde ihren Mut nicht mit dem Leben bezahlen mussten, ist wohl mit das größte Glück meines Lebens gewesen!

Währenddessen waren durch den lauten Explosions-knall, den der Blitz verursacht hatte, vom nahegelege-nen Fußballplatz einige Zuschauer und Spieler ange-lockt worden. Zwei der Fußballer kletterten ebenfalls auf den Wagon und begannen mich unter Einsatz ihres Lebens von dort zu bergen. Immer noch war anscheinend kein Strom auf der Leitung, so dass auch von den »fremden« Lebensrettern glücklicher-weise keiner zu Schaden kam.

Somit hat sich an diesem Sonntag nach dem Wunder meines Überlebens noch ein zweites Wunder ereignet.

Das Überleben meiner Retter.

Ich lag nun auf der grünen Wiese, sah entsetzlich zugerichtet aus, verkohlte Jeans und T-Shirt, der Geruch von verbranntem Fleisch, Haaren und Texti-lien umgab mich. Nach einigen Minuten öffnete ich langsam die Augen, und natürlich wusste ich nicht, was mit mir geschehen war. Ich bemerkte, dass einer meiner Freunde neben mir kniete, er redete beruhi-gend auf mich ein. Obwohl ich nur für kurze Momente einigermaßen wach und ansprechbar war, wusste ich, dass etwas Entsetzliches mit mir passiert sein musste. Ich fühlte einen starken, dumpfen Schmerz im Bein, und eine abgrundtiefe Todesangst kam über mich, die durch den Anblick der Schaulustigen, die mich inzwischen umringten, noch verstärkt wurde. Gleichzeitig machte ich mit dem neben mir knienden Freund Urlaubspläne für die kommenden großen Sommerferien.

Plötzlich, mehr lallend als sprechend, sagte ich zu meinem Kumpel: »Ich weiß, ich muss jetzt sterben, ich will aber nicht!«

Ein seltsamer Spruch, auch etwas komisch, ein Anflug von Größenwahn, wenn man meinen Zustand bedachte.

Ich glaube, es war ein wichtiger Satz.

Nicht, weil er etwas Heroisches in meiner Natur offenbart hätte, das sicher nicht.

Aber anscheinend wusste ich, was es für mich geschlagen hatte, und irgendetwas klammerte sich verzweifelt an den letzten, winzigen Lebensfunken, der noch in mir flackerte.

Dann das übliche Prozedere:
Notarzt, Hubschrauber, Spezialklinik.
In den folgenden Tagen wurde das Ausmaß meiner Katastrophe klar.
Anamnese, verkürzte Fassung: nahezu Totalschaden.
Meine Chance auf ein Weiterleben war fast bei null.
Fünfzehn Monate später lebte ich immer noch, man drückte mir ein Paar Krücken in die Hand, und ich durfte das Krankenhaus endgültig verlassen.

Für mich waren das keine fünfzehn Monate, sondern tausend Jahre.

Tausend Jahre Schmerz, Angst, Verzweiflung.

Aber auch grenzenloser Hoffnung und Sehnsucht, nach meinem Zuhause, meinen Freunden, den Partys, den Mädchen ...

Irgendwann, als ich längst wieder daheim war, verstand ich langsam, dass ich in Wahrheit nie wieder »nach Hause« kommen sollte, meine Kindheit war vorüber, und ich war nicht mehr der, der vor langer Zeit an einem Sonntag im Frühling sein Zuhause verließ, um mit Freunden einen Spaziergang zu machen.

Die Ärzte und Pfleger hatten Außergewöhnliches geleistet, als sie mit großer Hingabe und Fachwissen um mein Leben kämpften. Die Geschichte passierte in den 1970er Jahren, und der Notfallmedizin standen sicher noch nicht die Mittel von heute zur Verfügung, um Schwerverletzte zu retten. Bis zu dem Zeitpunkt war ich weder in physischer noch in psychischer Hinsicht durch eine besonders knorrige Konstitution aufgefallen, aber anscheinend war ich doch mit einer äußerst robusten Natur gesegnet.

Vieles mag noch eine Rolle gespielt haben, das mich dieses Inferno überleben ließ. Da könnte man schon zu spinnen anfangen, wenn man so grübelt ...

Warum ICH?

Das beste Gegenmittel bei sinnlosen Gedanken ist: andere Gedanken, so zum Beispiel:

Warum NICHT ich?

Warum glaubt man eigentlich immer, die hässlichen Meldungen im Polizeibericht und in der Presse beträfen immer nur die anderen?

Auch eine Reihe anderer Gespenster bedrängte mich:

Wollte Gott mich bestrafen?

Oder hat er etwa noch Großes mit mir vor?

Von der Blässe derartiger Gedanken angekränkelt, musste ich mich aber eher, als mir lieb war, der Farbe der Entscheidung zuwenden.

Ziemlich bald zeigte es sich nämlich, dass mein »neues Leben« heftige Herausforderungen für mich bereithielt, und zwar jeden Tag, jede Stunde. Für mich stellte sich nicht nur die Frage: Sein oder Nichtsein, sondern auch, und zu der Zeit in erster Linie:

Gehen oder Rollstuhl.

Ich musste erst wieder laufen lernen.

Gut zwei Jahre lang war ich auf Krücken unterwegs.

Auch den Gebrauch meiner linken Hand musste ich mir mühsam wieder antrainieren, da sie durch den Blitzschlag in einem fast amputationsgefährdeten Zustand war. Das Selbstdrehen von Zigaretten hat mir dabei sehr geholfen!

Und selbstverständlich hatte ich einen gewaltigen Nachholbedarf an allen alterstypischen Vergnügungen, den aufzuholen ich mir größte Mühe gab.

Dann stand nicht zuletzt die Frage aller Fragen im Raum:

Wie sollte es denn jetzt weitergehen mit dem Überlebenskünstler?!

Künstler?

Künstler!

Genau!

Bis zu dem »Tag des Feuers« hatte ich noch nie konkrete Pläne für meinen beruflichen Werdegang geschmiedet. Wozu auch, jeden Tag schien die Sonne, das Leben war meistens angenehm und manchmal sogar wunderbar, die Freunde zahlreich und die Mädchen schön.

In gewissen träumerischen Momenten, in denen ich mich Gedanken an meine spätere berufliche Zukunft hingab, flatterten meist irgendwelche bunten Schmetterlinge durch meinen Kopf, die alle etwas mit Bildern, Kunst, Freiheit und Abenteuern zu tun hatten.

Diese Tage mit süßen Träumen waren längst entschwunden, aus jeder Richtung blies mir ein eisiger Wind entgegen.

Meine Schulkarriere war inzwischen auch beendet.

Die Humanisten am Latein-Gymnasium verwiesen mich aus ihren hehren Hallen, und so stand ich nun vor dem totalen Nichts!

Der Laufbahn als »Künstler« stand also nichts mehr im Weg.

Ich hatte zwar nicht wenig Zweifel, was die Erfolgsaussichten meines Unternehmens betraf, war aber sehr überzeugt davon, in dieser Welt der Gaukler, Spinner und Schwätzer meine eigentliche Heimat gefunden zu haben.

Jeden Tag, auch wenn es am Abend vorher in der Kneipe recht spät oder früh geworden war, jeden Tag arbeiten, das war jetzt die Aufgabe! Und das ist mir, nach häufigen und heftigen Kämpfen mit dem berühmten inneren Schweinehund, gelungen.

So schaffte ich es, mir in diesen schwierigen ersten Jahren nach der Stunde null einen Alltag zu schaffen, in dem ich langsam wieder Boden unter die Füße bekam. Nach und nach konnte ich auch mit meinen Bildern etwas Geld verdienen. Nach einigen vergeblichen Bewerbungen an diversen Kunstschulen gelang es mir sogar, mich an der Münchner Kunstakademie zu immatrikulieren, wo ich dann die nächsten sechs Jahre verbrachte und mit dem Meisterschüler-Diplom abschloss. Ein schönes und sinnloses Stück Papier! Aber überaus sinnvoll waren die Sachen, die ich an der Akademie gelernt habe.

Da ich sehr genaue Vorstellungen davon hatte, was ich wollte und brauchte, konnte ich mein Studium sehr zielgerichtet angehen. Aktzeichnen, Druckgraphik, wissenschaftliches Zeichnen standen täglich auf meinem selbst erstellten Stundenplan, und ich widmete mich jahrelang intensiv dem Studium von verschiedensten Techniken der Malerei.

Im Nachhinein betrachtet, war dieser Aufwand eine gute Investition in meine Zukunft, hat mir doch die Ausrichtung meines Studiums auf die Kenntnis von Werkstoffen und Techniken mein Überleben in diesem Beruf sehr erleichtert und mir obendrein ein breites Spektrum an künstlerischen Ausdrucksformen ermöglicht.

Fast vierzig Jahre sind inzwischen vergangen seit jenem schönen Frühlingstag, an dem meine Jugend in Feuer und Rauch entschwand.

Der »Eisenbahn-Tramp« lebt immer noch, meistens sogar sehr gern.

Ich gehöre zu den unglaublichen Glückspilzen, die größtenteils das tun können, was sie lieben, in meinem Fall Bilder malen, zeichnen, fotografieren.

Und das eine oder andere davon gelingt mir ganz passabel.

Ich habe nie versucht, die Erinnerungen an diese Höllenzeiten zu verdrängen oder gar zu vergessen.

Denn manchmal denke ich daran, in welchem aussichtslosen und erbarmungswürdigen Zustand man mich in den Hubschrauber lud, und dann muss ich lachen, wenn ich sehe, wie gut es mir eigentlich geht.

Das ist mein voller Ernst, auch wenn ich bis zum Ende meiner Tage für meine »Erstbesteigung« eines Eisenbahnwagons einen hohen Preis bezahlen werde.

Ich weiß natürlich nicht, wie mein Leben verlaufen wäre, hätte ich nicht die Wahnsinnsidee gehabt, auf diesen Wagon zu klettern.

Vielleicht, eventuell, wahrscheinlich wäre es ein ruhigeres Leben gewesen.

Wäre es ein schöneres Leben gewesen?

Das glaube ich nicht.

Ich glaube auch nicht, ohne dieser Sache irgendetwas Mystisches andichten zu wollen, dass das alles »nur Zufall« war.

Auch nicht »vorherbestimmt« oder dergleichen; ich hatte einfach so eine Neigung zum Tragikomischen und Abenteuerlichen, zu krummen und nicht schnurgeraden Wegen.

Als »gezeichneter Maler« gehe ich durch mein Leben, gelegentlich etwas wackelig auf den geschundenen Beinen, insgesamt aber passabel aufrecht, mit Millionen von farbigen und schwarzweißen Bildern im Kopf, dazu ein gewaltiges und unerschöpfliches Reservoir an Ideen, Träumen und Sehnsüchten, so dass ich mich mit diesem Gepäck bestens gerüstet sehe für hoffentlich noch möglichst viele Erdumrundungen!

Alles geben Götter, die unendlichen,
Ihren Lieblingen ganz,
Alle Freuden, die unendlichen,
Alle Schmerzen, die unendlichen, ganz.
JOHANN WOLFGANG VON GOETHE

Gib dich niemals auf!

von ANNA D.

Meine Geschichte beginnt weit in der Vergangenheit, gegen Ende des Zweiten Weltkriegs, und ich befand mich mit meiner Mutter auf der Flucht aus Schlesien. Wir verließen unsere Heimat, weil Breslau zu einer Festung geworden war und sich vor allem Frauen und Kinder in Sicherheit bringen mussten. Riesige Menschenmengen belagerten bei minus zwanzig Grad Kälte die Züge, um einen Platz und damit einen Weg in die Freiheit zu finden.

Unser erster Halt war Lauban, wo wir Verwandte hatten. Um fünf Uhr früh klingelten wir bei einer Cousine meiner Mutter, die wenig begeistert war. »Was wollt ihr hier?«, fragte sie. Wir blieben drei Wochen, denn auch hierher kamen dann die russischen Soldaten. Im Bahnhof fuhr nur ein einziger Zug ab, und der war ausschließlich für Bahnmitarbeiter vorgesehen, doch aufgrund von Beziehungen unserer Verwandten durften wir mitfahren – mit unbekanntem Ziel.

Es ging dann über Prag, Budweis, Linz nach Bad Ischl. Dort war Endstation, und wir wurden alle ausgeladen und auf einzelne Städte oder Ortschaften in Österreich verteilt. Mutter und ich kamen nach St. Wolfgang. Das ist ein kleiner Ort, aber es gab dort nur ein Schulhaus, in dem Stockbetten aufgestellt wurden, um die Flüchtlinge unterzubringen.

Mit meiner Mutter habe ich mich dann auf den Weg gemacht, und wir haben uns eine private Unterkunft gesucht. Die Hotels waren ja mit Verwundeten belegt. Wir hatten Glück: Die Besitzerin eines Zeitschriftenkiosks hat uns die erste Etage in ihrem Haus zur Verfügung gestellt, einen großen Raum, in dem die Betten standen, und – was sehr gut war – in der Mitte befand sich ein alter Küchenofen.

Dann hieß es, dass wir keine Lebensmittelkarten bekommen, wenn wir nicht arbeiten. Wir fanden eine sehr nette Familie, die meine Mutter pro forma als Haushälterin und mich als Kindermädchen einstellte. Dadurch war für uns die Zuteilung von Lebensmittelkarten gesichert.

Wir wussten nicht, ob die Russen zuerst bei uns ankommen oder ob es die Amerikaner vorher schaffen würden. Zum Glück waren es die Amerikaner. Nie werde ich den ersten Jeep vergessen, der im Ort eintraf: Es waren zwei Offiziere in dem Auto, und hinten saß ein Schäferhund mit einem Halsband aus Schwertern.

Es war eine Vorhut der kämpfenden Truppe, und die Männer waren so verständnisvoll! Am selben Nachmittag noch haben sie Gulaschkanonen aufgebaut, damit man sich Essen holen konnte.

Meine Englischkenntnisse halfen mir weiter. Der Bürgermeister konnte nämlich überhaupt kein Englisch, und ich habe für ihn bei den Amerikanern übersetzt.

Kurz danach war der Krieg zu Ende, und die Österreicher haben uns als Ausländer in die Internierungslager gesteckt. Wir sind in eine große Kaserne gekommen, und dort wurden wir in den ersten Stock in einen riesigen Raum geführt, über dem teilweise das Dach fehlte und in den Regenpfützen auf dem Boden standen. Es waren auch kleine Kinder bei unserer Flüchtlingsgruppe. Uns hatten sich zwei Jungs angeschlossen, die von meiner Mutter in Obhut genommen wurden. In der Nacht haben wir uns mit der Taschenlampe nach unten in die Pferdeställe geschlichen und haben alles, was noch zu verwerten war, wie Heu und Stroh, nach oben getragen, damit die Leute sich wenigstens hinlegen konnten und nicht auf dem nackten Fußboden schlafen mussten.

Da ich wissen wollte, wo genau wir uns befanden, ging ich am nächsten Tag in die Kaserne. Auf einmal hörte ich amerikanische Stimmen: Es waren zwei schwarze Soldaten, die sich Witze erzählten. Damit sie mich nicht fanden, versteckte ich mich in einer Nische am Fenster, aber sie entdeckten mich dennoch und brachten mich zum Kommandanten.

»This girl speaks English!«, teilten sie ihm mit. – »Sie schickt uns der Himmel«, war die Antwort des Kommandanten. Somit wurde ich abgestellt zur Abteilung der Deutschen und war verantwortlich für Sauberkeit und Ordnung. Dafür durfte ich mit den Amerikanern zum Essen in die Kaserne fahren und hatte praktisch Vollpension bekommen. Meine Mutter durfte leider nicht mit.

Als ich einmal länger warten musste, hörte ich deutsche Laute aus der Küche. Leise öffnete ich die Tür und fand Soldaten vor – Kriegsgefangene, die dort eine Mahlzeit zubereiteten. Einer von ihnen sprach mich an und fragte mich mit schlesischem Dialekt: »Mädchen, was willst denn du hier?« – »Ihr seid ja aus meiner Heimat!«, rief ich glücklich. Wir unterhielten uns, und sie verrieten mir, dass beim Essen immer sehr viel übrig blieb. Das würden sie mir in Zukunft zusammenpacken und in dem Jeep unter die Bank legen, damit die Amerikaner es nicht sahen. Dadurch hatte ich immer Frühstück, Mittag- und Abendessen zur Verfügung, mit dem ich meine Mitbewohner versorgen konnte.

Nach ein paar Wochen kamen amerikanische Soldaten zu uns und sagten, wir sollten alles zusammenpacken, da wir abtransportiert würden. Unten im Hof standen schon die Laster. Ich hatte noch den Generalschlüssel zur Kaserne, den ich aber nicht abgegeben habe. Den sollte nur der Kommandant zurückbekommen. Also mussten sie mich zu ihm fahren. Es fand dort gerade eine Party statt, als ich in voller Reisemontur in den Raum geplatzt bin. Die Musik hörte sofort auf zu spielen, und ich wurde gefragt, was los sei.

Beim Kommandanten bedankte ich mich und sagte ihm, dass wir uns sehr gefreut hätten, dass er uns aufgenommen hat, aber dass wir jetzt abtransportiert würden und nicht wüssten, wohin. Ich wolle ihm persönlich den Generalschlüssel zurückgeben, den er mir anvertraut hatte. Darauf sagte er sofort, dass Mutter und ich hierbleiben könnten.

Ich bin dann zurück zu meiner Mutter und teilte ihr mit, sie könne mit dem ganzen Gepäck wieder vom Laster herunterkommen. Wir wurden erneut in einen Raum eingewiesen. Nebenan hörte ich deutsche Stimmen, es waren vier Leute dort untergebracht, die uns sagten, wir sollten die Tür immer abschließen, und sollte etwas sein, bräuchten wir nur an die Wand klopfen, und dann kämen sie sofort herüber zu uns.

Am nächsten Tag war ich beim Kommandanten, und er erklärte mir: »Wir wissen nicht genau, wo der gestrige Transport hingegangen ist, wir vermuten aber, dass man Sie in die Ostzone zu den Russen gebracht hätte, und das wollte ich Ihnen nicht antun. Deswegen habe ich Sie und Ihre Mutter nicht mitfahren lassen.«

Bereits einige Tage zuvor war mir ein Mann aufgefallen, der immer vor der Kaserne auf und ab ging. Den wollte ich mir näher ansehen. Er suchte zahlende Mitfahrer auf seinem Lastwagen, denn er wollte Motoren auf dem Laster nach Deutschland schmuggeln. Er bot uns eine Mitfahrgelegenheit für 300 Mark. Für diesen Preis hätten wir alle mitfahren können: die vier Soldaten, meine Mutter und ich.

Der Kommandant gab mir ein Schreiben mit, das die Aufforderung enthielt, mir jegliche Unterstützung zu gewähren. Ein sogenannter »Freibrief«. Das war für den Fahrer ideal. Wurden wir nämlich angehalten und kontrolliert, zeigte ich meinen Brief vom amerikanischen Kommandanten vor und wir wurden durchgewinkt.

Mit Unterbrechungen kamen wir bis nach Schweinfurt. Die vier Soldaten, die mit uns reisten, wussten nicht wohin und entschieden sich, wieder in ein Kriegsgefangenenlager zu gehen. Meine Mutter und ich wollten auf keinen Fall dorthin. Also ging ich in die Bahnhofsbaracke, wo sich die Amerikaner aufhielten. Etwas verwundert sahen mich die Leute schon an, doch ich zeigte wieder mein Schreiben des amerikanischen Kommandanten und sagte ihnen, dass meine Mutter und ich nach Heidelberg wollten.

Uns wurde mitgeteilt, dass das nicht ginge, da Heidelberg eine geschlossene Stadt sei: Niemand konnte dort einreisen. Das war mir egal. Ich wollte unbedingt dorthin. Meine Mutter und ich fuhren also mit dem nächsten Zug nach Heidelberg.

Wir kamen dort an Heiligabend an, am 24.12.1945. Zu meiner Mutter sagte ich, sie solle am Bahnhof bleiben, ich würde einen amerikanischen Kommandanten aufsuchen, der uns helfen würde. Das tat ich, und nach einigen Schwierigkeiten kam ich an die richtige Adresse. Ich klopfte an der Tür, keine Antwort, also trat ich einfach ein. Es standen zwei ältere Männer am Fenster und unterhielten sich, und auf dem Teppich saß ein kleiner Dackel. Als mich niemand wahrzunehmen schien, dachte ich: Na gut, dann eben abwarten. Ich setzte mich auf den Boden und spielte mit dem Dackel. Irgendwann bemerkten sie mich und fragten, wie ich denn in das Zimmer gekommen sei. Ich zeigte ihnen mein Schreiben, und einer der Männer überlegte sogleich, was man mit uns machen sollte.

Auf der gegenüberliegenden Straßenseite befand sich ein Hotel, das jedoch beschlagnahmt war für die Unterbringung der Zeugen. Zu der Zeit begannen bereits die Kriegsverbrecherprozesse.

Da über die Feiertage niemand im Hotel war, nahmen wir telefonisch Kontakt auf. Wir konnten doch die Feiertage über im Hotel bleiben. Dann machten wir uns auf die Suche nach unseren Freunden, haben sie aber nicht gefunden. Nach den Feiertagen mussten wir uns eine andere Unterkunft suchen. Wir wurden in ein kleines Dorf bei Heidelberg geschickt, und von da sind wir dann weiter nach Sinzheim. In Sinzheim arbeitete ich dann für das Amt für Vermögenskontrolle.

Wir setzten natürlich alles daran, meinen Vater zu finden. Wir hatten eine Adresse eines Freundes von ihm. Mit der Verwandtschaft hatten wir vereinbart, wenn wir irgendwo Fuß gefasst hätten, würden wir uns mit seinem Freund in Verbindung setzen und Bescheid sagen, wo wir uns aufhielten. Auf diese Weise fanden wir tatsächlich meinen Vater.

Zwei Tage nachdem Mutter und ich aus Breslau geflohen waren, war er noch mit seiner Abteilung vom Landesarbeitsamt nach Tschechien versetzt worden. Absoluter Irrsinn.

Dadurch geriet er bei Kriegsende in den tschechischen Aufstand und wurde mit anderen Deutschen zu Fuß bis zur Grenze getrieben. Er brach zusammen, da er Diabetiker war und es kein Insulin gab. Sie ließen ihn am Straßenrand liegen.

Amerikaner fanden ihn und dachten anfangs, dass er ein Spion sei. Doch das klärte sich schnell, und sie ließen meinen Vater gehen. Mein Vater schlug sich durch bis zu seinem Freund nach Thüringen. Dort durfte er jedoch nicht bleiben, da sie Aufnahmeverbot hatten, und schließlich machte er sich auf den Weg zum Bruder meiner Mutter. Er kam dort jedoch nicht an, da er wieder zusammenbrach und ins Krankenhaus nach Leipzig gebracht wurde. Es gab auch dort kein Insulin. Also haben wir die Ampullen besorgt und zu ihm geschickt, sie erreichten ihn jedoch nie im Krankenhaus.

Ich versuchte dann noch von Sinzheim aus, für meinen Vater etwas über den Kommandanten in die Wege zu leiten. Der organisierte häufiger den Austausch von Flüchtlingen: Einer wurde in die russische Besatzungszone hinübergeschickt, dafür durfte ein andere heraus in die amerikanische Zone. Ich sprach mit dem Kommandanten, und er meinte, dass er meinen Vater mitnehmen könne, aber ich müsse eine Aufnahmebestätigung von der Universitätsklinik in Heidelberg beibringen. Also fuhr ich nach Heidelberg in die Klinik, und ein Professor dort riet mir, ich solle meinen Vater einfach in dem Glauben lassen, dass er geholt werde. In Wirklichkeit würde er die Fahrt nie überstehen. Wenn er unterwegs auf dem Transport sterben würde, würden sie ihn aus dem Krankenwagen werfen, und er läge tot in irgendeinem Straßengraben.

Das musste ich schweren Herzens so akzeptieren. Zwei oder drei Tage später bekamen wir die Mitteilung vom Krankenhaus in Leipzig, dass mein Vater verstorben war. Dort wurde er dann auch beerdigt.

In der Zwischenzeit versuchten wir unsere Verwandten ausfindig zu machen und herauszufinden, wer von ihnen noch lebte und wo sie mittlerweile wohnten. Da hieß es, dass der Transport aus dem Flüchtlingslager direkt nach München ging, wo sie im Eisenbahnausbesserungswerk ankommen sollten.

Daraufhin setzten wir alle Hebel in Bewegung, ebenfalls nach München zu kommen, bekamen jedoch für München keine Aufenthaltsgenehmigung, sondern lediglich für den Vorort Aubing.

Mit viel Glück erhielt ich dann eine Stelle bei der Schweizer Versicherung und im amerikanischen Büro für Transporte. Und da ich nun Arbeit in München hatte, konnten wir uns auch beim Wohnungsamt in München bewerben und erhielten die Zusage für eine Eineinhalb-Zimmer-Wohnung in der Stadt.

In der Zeit lernte ich durch einen glücklichen Zufall meinen Mann kennen, wir heirateten und holten dann auch meine Mutter zu uns. Also konnten wir nochmals zum Wohnungsamt gehen und einen Wohnungstausch beantragen. Ein Ehepaar, das in unserer Nähe einen Kiosk besaß, wohnte am anderen Ende der Stadt und suchte dringend eine kleinere Wohnung in der Nähe. Daher bekamen wir die Genehmigung, zu tauschen.

Mein Mann arbeitete bis zu seiner Erkrankung bei Siemens, dann bot man ihm eine Abfindung an, da verstärkt jüngere Mitarbeiter eingesetzt werden sollten. Er stimmte seinem Ausscheiden aus der Firma zu, und wir unternahmen in den folgenden Jahren noch sehr schöne Reisen.

Ein unglaublicher Fund

von PAUL B.

Viele Jahre hegten meine Frau und ich einen Herzenswunsch: Wir wollten einmal im Leben eine Abenteuerreise wagen, und zwar mit dem Wohnmobil durch Alaska!

Im August 2014 waren wir endlich am Ziel unserer Träume und gingen auf große Fahrt. Es war am Ende eines Reisetages, als wir mit unserem Pick-up-Camper einen Standplatz für die Übernachtung ansteuerten und schließlich den idyllisch gelegenen »Eagle River Camp Ground« erreichten.

Zu unserer Freude fanden wir gleich sehr nette Nachbarn dort auf dem Campingplatz vor: und zwar ein älteres Ehepaar namens Bob und Marie. Die beiden unternehmungslustigen Amerikaner, dreiundsiebzig und siebenundsechzig Jahre alt, stammten ursprünglich aus New Hampshire an der US-Ostküste, lebten aber seit vielen Jahren schon in Anchorage, Alaska. Sie waren stolze einundfünfzig Jahre verheiratet – umso bemerkenswerter, als beide sehr jung geheiratet hatten: Bob war bei der Hochzeit zweiundzwanzig und Marie erst sechzehn Jahre alt!

Als wir eines Abends gemütlich beisammensaßen, grillten und die überwältigende Landschaft genossen, erzählten uns die zwei eine verrückte Geschichte.

Bob war seit vielen Jahren ein begeisterter Schatz-
sucher und unermüdlich mit seinem Metalldetektor
an allerlei historisch interessanten Plätzen unterwegs.
Dieses Hobby teilte er mit seinem zwei Jahre zuvor
verstorbenen Bruder. Dessen Traum war es immer
gewesen, eines Tages ein seltenes 50-Cent-Stück zu
finden. Doch leider war ihm dieser Fund nie vergönnt.

Ausgerechnet jedoch an jenem Tag, an dem wir
abends zu viert zusammensaßen, auf diesem herr-
lichen Campingplatz am Eagle River in Alaska, hatte
Bob das Glück gehabt und eine solche Münze mit
seinem Metalldetektor aufgespürt – und sogar ganz
nah bei ihrem Wohnmobil.

Unglaublich, aber war: Die Münze stammte aus
dem Jahr 1954. Und genau in dem Jahr war Bob mit
seinem Bruder damals nach Alaska gekommen! Mit
Tränen in den Augen erzählte uns Bob, dass er die
Münze seinem verstorbenen Bruder schenken wolle
und sie zu Hause in die Urne mit dessen Asche legen
werde.

Noch heute erinnern wir uns mit großer Zuneigung
an Bob und Marie, das sympathische Ehepaar aus
Alaska, und an ihren unglaublichen Fund. Eine
Geschichte, die uns sehr bewegt hat!

Es gibt nur einen Vater

von PETRA T.

Als ich geboren wurde, war mein Vater bereits vierundvierzig Jahre alt. Er hatte wegen der Kriegszeit erst relativ spät geheiratet. Meine Mutter, die sechzehn Jahre jünger war als er, hatte er erst lang nach dem Krieg kennen und lieben gelernt. Ihrer Ehe entstammen zwei Kinder: mein Bruder, dreieinhalb Jahre älter als ich, und meine Wenigkeit.

Meine Kindheit war wunderbar. Bei den Eltern stand die Familie immer an erster Stelle, und es gab zwischen uns einen tollen Zusammenhalt. Manchmal verbrachten wir unsere Urlaube auf dem Bauernhof, manchmal auch in einer Pension in den Bergen, oder wir blieben einfach zu Hause und unternahmen schöne Ausflüge.

Klar, die Teenagerzeit von uns Kindern war für meine Eltern nicht immer leicht, vor allem in meinem Fall. Jede elterliche Ansage, wann ich nach Tanzstunden oder Partys zu Hause zu sein hätte, ignorierte ich grundsätzlich, und so kam es auch regelmäßig zu den angedrohten Hausarresten. Trotzdem genoss ich meine Jugendzeit und erkannte durchaus, dass ein Verbot von den Eltern nicht gegen meine Person gerichtet war, sondern dass sie es einfach nur gut mit mir meinten.

Zu meinem Vater hatte ich schon aufgrund unserer dicht aufeinander folgenden Geburtstage – er feierte seinen einen Tag vor mir – immer eine sehr enge Bindung. Er hatte stets ein offenes Ohr für mich und Verständnis für meine Aktivitäten. Als ich mit fünf Jahren das Skifahren lernte und niemand aus der Familie diese Leidenschaft mit mir teilte, war mein Vater es, der mich jeden Samstag zur Skipiste begleitete und geduldig zusah, wie ich meine sportlichen Fähigkeiten verbesserte.

Als ich nach Abschluss meiner Lehrzeit endlich richtig Geld verdiente, beschloss ich, zu Hause auszuziehen. Eine eigene Wohnung war mein Traum. Doch für meinen Vater war das anfangs nicht leicht. Er fragte mich immer wieder, ob es mir zu Hause nicht mehr gefalle. Und dennoch unterstützten mich meine Eltern bei der Wohnungssuche und halfen mir auch dabei, die ersten Möbel auszusuchen.

Dann ging ich eine feste Beziehung ein, wir wollten zusammenziehen. Mein Vater schloss meinen Freund wie einen zweiten Sohn in sein Herz und gab ihm stets das Gefühl, bei uns ein Zuhause zu haben.

Am Tag unserer Hochzeit führte mich mein Vater zum Altar. »Pass bitte immer gut auf meine Tochter auf«, sagte er gerührt zu meinem Mann.

Mein Vater litt immer ein wenig darunter, dass weder mein Bruder noch ich Kinder in die Welt setzten. Er wäre sehr gern Großvater geworden und hätte seine Enkel sicher sehr geliebt und verwöhnt, doch das Schicksal wollte es anders. Immerhin haben wir einige tolle Patenkinder, und mit ihnen besuchte ich meine Eltern, so oft es ging. Sie behandelten sie auch fast wie Enkelkinder.

In unserer Familie wurden Geburtstage immer sehr gern und ausgiebig gefeiert. Da mein Vater und ich im Sommer geboren waren, planten wir aus diesem Anlass oft schöne Gartenfeste.

Zu seinem siebzigsten Geburtstag hatten wir als Überraschung sogar eine Fahrt mit einem Heißluftballon organisiert – es wurde eine wunderbare Feier!

Dann, zu seinem Achtzigsten, kam mir die Idee, meinem Vater einen Flug mit dem Helikopter zu schenken. Wir buchten ein Arrangement, bei dem er zu Hause abgeholt und nach einem Alpenrundflug an den Ort gebracht wurde, wo dann groß gefeiert werden sollte. Noch heute sehe ich das Bild vor mir, als der Helikopter bei uns zu Hause landete. Mein Vater klatschte vor Begeisterung in die Hände! Und nach dem Flug, der eine Stunde dauerte, wollte er gar nicht mehr aussteigen. Heute sei doch sein Tag, meinte er und wollte mit dem Piloten einfach weiterfliegen.

Natürlich denkt man als Tochter daran, dass das Leben der Eltern nicht ewig währt und sie in der Regel vor den Kindern gehen. Auch mir war das bewusst, und mit jedem Geburtstag, den wir gemeinsam feierten, rückte die Endlichkeit ein Stückchen näher.

Mein Vater war körperlich und geistig äußerst fit. Er unterhielt sich mit vielen Menschen und interessierte sich sehr für das Leben. Auch was meine berufliche Tätigkeit anbetraf, fragte er mich oft, wie es bei mir lief, und er interessierte sich stark für meinen Job.

Den fünfundachtzigsten Geburtstag feierten wir in einem Lokal unweit von meinem Elternhaus. Mein Mann war auf einer Messe in Italien und kam vorzeitig zurück, um meinen Vater bei der Feier zu überraschen. Meinen Vater freute das riesig – er hatte seine beiden Söhne an seiner Seite und war begeistert.

Ich kann mich noch gut daran erinnern, als man meinen Vater anlässlich seines achtzigsten Geburtstags – dem mit dem Helikopterflug – fragte, was er denn für seinen nächsten runden Geburtstag plane. Spontan fiel ich ihm ins Wort und sagte: »Eine Fahrt auf den Mond organisieren wir dann für ihn!« Mein Vater grinste selig. Er wusste schließlich, dass wir immer für eine Überraschung gut waren.

Längst hatte ich schon eine Idee im Kopf für den Fünfundachtzigsten, und die hatte mit dieser Reise auf den Mond zu tun: Ich wollte ein Lokal in den Bergen anmieten, es »Luna-Café« nennen, und die Leute vom Service wie Mond-Männchen einkleiden.

Es war das Jahr 2007, und mein Mann und ich planten einen einwöchigen Urlaub in Italien. Kurz vor unserer Abreise besuchten wir noch meine Eltern. Mein Vater hatte seinen wohlverdienten Mittagsschlaf gemacht, und meine Mutter bat mich, ihn zu wecken.

Er lag im ehemaligen Zimmer meines Bruders auf der Couch und schlief. Als ich die Tür öffnete, erschrak ich. Er lag ganz ruhig da. Schnell stellte ich jedoch fest, dass er ganz ruhig atmete, und weckte ihn sachte auf.

Es war ein Sonntag, und wir tranken zusammen Kaffee auf der Terrasse. Gespräche über alle möglichen Themen wurden geführt, doch mein Vater war ungewohnt teilnahmslos, er stand irgendwie neben sich. Als wir uns verabschiedeten und bereits ins Auto einstiegen, sagte er noch folgende Worte, die ich nie vergessen werde: »Verabschiedest du dich denn nicht von mir?« Obwohl ich dies kurz vorher bereits mit einer dicken Umarmung getan hatte, stieg ich wieder aus dem Auto und umarmte ihn nochmals mit den Worten: »Natürlich verabschiede ich mich von dir!«

Auf dem Nachhauseweg fiel mir auf, dass mein Vater es zum ersten Mal versäumt hatte, uns einen schönen Urlaub zu wünschen. Irgendwie eigenartig, fand ich. Er war sonst immer sehr interessiert daran, wo wir hinfuhren und wann wir wieder heimkamen. Der Urlaub fiel genau in die Woche, in der wir beide Geburtstag hatten, und vielleicht war es das, was ihm missfiel: dass wir nicht gemeinsam feiern konnten, dachte ich.

Wir hatten geplant, dass mein Mann mit dem Auto nach Italien schon vorausfuhr, da er dort eine Messe besuchen musste, und ich mit dem Flugzeug nachkäme.

Am Mittwoch nach unserem Besuch bei den Eltern telefonierte ich mit meinem Vater und erkundigte mich, ob alles in Ordnung sei. Er war einige Monate zuvor für ein paar Tage im Krankenhaus gewesen. Zwar bemerkten wir, dass er etwas schwach auf den Beinen war, doch meine Mutter hatte ihn mit ihrer positiven Kraft immer wieder aufgebaut.

Anscheinend beschäftigte sich mein Unterbewusstsein doch intensiver mir der Sache, da mich in der Nacht von Mittwoch auf Donnerstag dann ein eigenartiger Traum aus dem Schlaf riss. Zum ersten Mal träumte ich von der Beerdigung meines Vaters und fragte mich im Traum, was ich zu dem Anlass anziehen würde. Erschrocken wachte ich auf und konnte nicht mehr richtig einschlafen.

Am nächsten Tag war ich in der Arbeit, als gegen Mittag das Telefon klingelte. Meine Mutter teilte mir mit tränenerstickter Stimme mit, dass mein Vater nicht mehr atmete. Ich bat sie, sofort den Arzt anzurufen und dann gleich meinen Bruder. Überstürzt stürmte ich aus dem Büro und sprang in mein Auto. Von da an lief alles wie ein Film vor mir ab.

Heulend rief ich meinen Mann auf der Messe in Italien an und erzählte ihm, was passiert war. Er flehte mich an, in diesem Zustand keinesfalls mit dem Auto zu fahren, doch es war mir egal. Bis heute weiß ich nicht, wie ich die Strecke von siebzig Kilometern unfallfrei geschafft habe.

An eines erinnere ich mich jedoch genau. Plötzlich fing es heftig zu regnen an, und die Autobahn war sehr stark befahren. Es kam zum Aquaplaning, und mein kleines Auto konnte die Spur nicht mehr richtig halten. Die Geschwindigkeitsbegrenzung leuchtete auf. Auch das noch!, dachte ich. Ich wollte unbedingt zu meinem Vater, ich konnte einfach nicht glauben, dass er nicht mehr lebte.

Während der Fahrt rief mich dann mein Bruder an und bestätigte die traurige Wahrheit: Mein geliebter Vater war tot. Das durfte nicht sein!

Ich betete zu ihm und rief ihm zu, dass ich unbedingt zu ihm wolle und dass der Regen doch bitte aufhören solle. Und wie durch ein Wunder hörte es auf zu regen. Schließlich erreichte ich nach zweimaligem gefährlichen Schleudern das Haus meiner Eltern.

Dort stürmte ich in das Zimmer meines Bruders. Mein Vater lag genauso in dem Bett, wie ich ihn am Sonntag zuvor dort gesehen hatte. Nur diesmal öffnete er die Augen nicht mehr.

All die Jahre hatte ich Angst davor gehabt, wie es wäre, wenn ein geliebter Mensch nicht mehr bei uns ist. Wie gehe ich mit dem Tod um? Diese Situation kann man nicht planen oder sich überlegen, was man machen würde. Ungefähr vier Stunden lang saß ich bei meinem geliebten Vater und sprach mit ihm. Dabei hielt ich ihn in den Armen. Mir war vorher nicht bewusst gewesen, wie man sich in so einer Situation verhält, aber ich glaube, der Mensch tut unwillkürlich das Richtige.

Wir zündeten eine Kerze an und öffneten das Fenster. Meine Mutter, mein Bruder mit seiner Frau und ich saßen bei meinem Vater und sprachen zu ihm und über ihn.

Es gibt keinen »richtigen« Zeitpunkt, um einen geliebten Menschen zu verlieren. Das Alter ist unwichtig. Es tut verdammt weh, und mein Vater fehlt mir immer noch. Das Wunderbare ist jedoch, dass ich vierundvierzig Jahre lang einen wunderbaren Menschen an meiner Seite hatte, von dem ich sehr viel lernen und erfahren durfte. Dafür bin ich unendlich dankbar.

Mein Vater war vierundvierzig Jahre alt, als ich geboren wurde. Und kurz vor meinem vierundvierzigsten und seinem achtundachtzigsten Geburtstag ging er von uns. Die Lücke, die er hinterließ, ist nicht zu schließen, und für meine Mutter, die über fünfzig Jahre lang mit ihm sehr glücklich war, ist die Erinnerung das, was bleibt. Wir sprechen sehr oft von meinem Vater und erzählen uns Geschichten über ihn. Er ist für uns nicht sichtbar, aber wir wissen, dass er bei uns ist, und das ist ungemein tröstlich.

Für sein Sterbebild haben wir einen Text gewählt, der es auf den Punkt bringt: »Sein Leben war Liebe – seine Liebe unser Glück!«

Ein neuer Horizont

von RITA C.

Aus meinem »ersten Leben«, wie ich es oft ironisch nenne, stammt dieser bescheuerte Spruch von mir: »Ich habe kein Talent für das Schicksal!« Unvorhersehbares und Ungeplantes waren mir tatsächlich immer schon ein Gräuel, sogar als Kind. Ich glaubte an Planung und Organisation, ich mochte es, wenn Dinge ordentlich und sauber geregelt waren, setzte hundertprozentig auf Struktur im beruflichen wie im privaten Bereich.

Aber wie es oft so kommt, verselbstständigen sich solche Ziele, bis man nichts anderes mehr kennt und nichts anderes mehr zu akzeptieren scheint. Bei mir bestimmte diese Einstellung lange Zeit meine Lebensplanung: Ich gelte als intelligent, äußerst strukturiert und ergebnisorientiert, bin studierte Betriebswirtin, spezialisiert auf internationales Marketing, habe recht schnell in einem Unternehmen der Lebensmittelbranche Karriere gemacht und schon mit Mitte dreißig den europäischen Auslandsvertrieb übernommen. Was bedeutete, dass ich sehr erfolgreich für den Verkauf oder die Lizenzierung diverser Produkte ins benachbarte Ausland verantwortlich war, viel reiste und beachtliche Verantwortung trug.

Privatleben? Nun ja. Ich hatte damals seit ein paar Jahren eine On-off-Beziehung mit einem Mann, den

ich eigentlich sehr, sehr mochte, der mich aber zu-
sehends mit seinem Wunsch nach Zusammenziehen,
Heirat, Familiengründung et cetera zur Verzweiflung
trieb. Hatte doch noch Zeit, oder? Ich war doch »erst«
Ende dreißig! Mein Beruf hatte Vorrang, und wenn er
das nicht akzeptierte, würde es nicht mehr lange gut-
gehen mit uns, hatte ich beschlossen. Schlussstrich
ziehen. Klare Kante. Besser ein Ende mit Schrecken
… Und dergleichen Unfug mehr.

Nur damit Sie gleich wissen, dass Sie mich nicht so
ernst nehmen sollten – dieser Mann hat das zum
Glück auch nicht getan. Wir sind nämlich inzwischen
längst verheiratet! Und während ich hier gerade meine
Geschichte aufschreibe, muss ich die Nutellafinger
meiner dreijährigen Tochter mühsam von der Computer-
tastatur fernhalten, die unbedingt auch »was sreiben!«
will. Und gleichzeitig meinen Zweijährigen im Auge
behalten, der mit der Fernbedienung für die teure
Stereoanlage meines Mannes Rennauto auf dem
Parkett spielt. Brummmmbruuummmm! Da wird der
Papi heute Abend aber Augen machen …

Tja, und zu dieser wahnsinnigen Wende in meinem
Leben kam es so: Ich hatte einen lange angebahnten
und intensiv vorbereiteten Geschäftstermin in Rom
wahrgenommen, wo ich mit dem Vorstand einer
landesweiten Feinkostkette verhandelte. Es war ein
ehrgeiziger Plan: Wenn es mir gelang, unsere popu-
lärsten Artikel an die Italiener zu lizenzieren, stünde
uns hier ein neuer, äußerst potenter Partner in diesem
absatzstarken Markt zur Verfügung. Und das wäre

nur der Anfang … Als ich den Flieger nach Rom bestieg, fühlte ich mich wie Hannibal, nur umgekehrt und ohne Elefanten: Ich überquerte die Alpen in die andere Richtung, um Italien zu erobern.

Doch der Termin lief nicht gut. Die Damen und Herren zickten herum, sahen dieses und jenes angeblich zum ersten Mal, hatten plötzlich noch tausend Fragen und Wünsche, die Preise vor allem sollten noch einmal nachverhandelt werden, man sehe sich frühestens in ein paar Monaten imstande, hier eine verbindliche Aussage zu treffen, geschweige denn eine Zusage zu machen. Ich solle doch bitte noch einmal kalkulieren, neue Konditionen definieren, dann könne ich gern nochmals nach Rom zu einem weiteren Termin kommen …

Eine bodenlose Frechheit war das, mich unter diesen Umständen überhaupt nach Rom anreisen zu lassen. Wo ich doch alles so perfekt geplant und aufwändig vorbereitet hatte!

Ich kochte vor Wut und Frust, machte aber selbstverständlich gute Miene zum bösen Spiel und verließ das Meeting souverän, mit verbindlichem Lächeln und durchgedrückter Wirbelsäule. Draußen vor dem Gebäude schnorrte ich vom Pförtner dann eine Zigarette, obwohl ich seit einem Jahr zu rauchen aufgehört hatte. Dann tippte ich hektisch auf meinem Blackberry herum, um nachzusehen, ob ich vielleicht auf einen früheren Rückflug nach Deutschland umbuchen könnte. Aber Rückflug war nicht, weder eher noch später: Die italienischen Fluglotsen waren in einen spontanen Ausstand getreten, von Fiumicino ging gar nichts mehr.

Ich sprang panisch in ein Taxi und ließ mich ins Stadtzentrum von Rom fahren, um vom Hauptbahnhof noch einen Zug nach Hause zu ergattern. Und ein einziges Mal an diesem Scheißtag hatte ich Glück: Von Roma Termini ging um 19 Uhr noch ein Nachtzug Richtung München – allerdings gab es weder Schlafwagen- noch Liegewagenplätze mehr. Doch das war mir egal. Ich kaufte mir eine Flasche Wasser, erstand eine Fahrkarte, stieg ins 2.-Klasse-Abteil, das ich vorerst sogar für mich allein hatte, und beschloss, das Beste aus dieser vermaledeiten Situation zu machen. Die Nachtfahrt bis München würde mehr als neun Stunden dauern, und da ich zwar erschöpft, aber viel zu aufgebracht zum Schlafen war, würde ich einfach durcharbeiten und so die Zeit sinnvoll nutzen.

Wir fuhren los, und schon nach kurzer Zeit geschah etwas Komisches mit mir. Zuerst machte mich das Rattern des Zuges ein bisschen schläfrig, und ich fing an mich zu entspannen. Irgendwie fühlte ich mich wie in einem Film und begann, die ungeplante Situation fast ein wenig zu genießen. Hm, eigenartig. Das Notebook lag aufgeklappt auf meinem Schoß, aber ich brachte nicht wirklich etwas zustande. Ab und zu tippte ich ein wenig in einer Exceltabelle herum, aber die meiste Zeit guckte ich verträumt aus dem Fenster und verknallte mich in die Landschaft, die, je mehr wir uns der Toskana näherten, im Abendlicht immer bezaubernder wurde. Hm, noch eigenartiger. Was war nur los mit mir?

Nächster Halt war um Viertel nach acht in Orvieto –
und schon war es vorbei mit der »splendid isolation« in
meinem Zugabteil: Es stieg ein junger Italiener zu.
»Permesso?«, fragte er freundlich, als er das Abteil
betrat. Was hätte ich schon darauf erwidern sollen?
Also murmelte ich nur: »Si, certo«, und guckte demons-
trativ weg. Aber nicht lange, denn der junge Typ hatte
einen Duft mit ins Abteil gebracht – zum Wahnsinnig-
werden gut. Vor allem für jemanden, der den ganzen
Tag fast nichts gegessen hatte. Nun guckte ich doch
und sah, dass der gutaussehende junge Typ einen
großen Rucksack dabei hatte, der offenbar die Quelle
dieser verlockenden Düfte war.

»Sprechen Sie Deutsch?«, fragte er mich jetzt, und
als ich nickte: »Bitte verzeihen Sie, dass es hier plötzlich so nach Essen riecht. Immer wenn ich von zu
Hause losfahre, müssen meine Mutter und meine
Großmutter mir ganz viel zu essen mitgeben. Angeblich, weil etwas übrig geblieben ist und sonst verdirbt,
aber ich weiß genau, dass sie schon am Tag vor meiner
Abreise wie die Wilden mit dem Kochen anfangen …
Immer haben sie Angst, ich könnte verhungern. Ich
fahre übrigens bis Rosenheim, ich studiere dort an
der Uni. Und weil ich Sie, wie ich sehe, leider beim
Arbeiten störe, müssen Sie mir gestatten, dass ich
mein Abendessen mit Ihnen teile. Einverstanden?«

Ehrlich gesagt, konnte ich weder seinen schönen
Augen noch seinem breiten Lächeln noch seinem
Charme widerstehen. Und schon gar nicht den
Essensdüften, die aus dem Rucksack aufstiegen. Er

legte los und öffnete gleich einmal eine Flasche Rotwein ohne Etikett, »von *nonnos* Weinberg, ich habe sogar irgendwo ein paar Pappbecher hier im Rucksack«, ein Schälchen mit kleinen lauwarmen, geheimnisvoll gefüllten Involtini, einen Pappteller, auf dem mehrere Stücke köstlich duftender Pizza unter Alufolie lagen, ein Glas mit eingelegten Artischockenherzen, einen Leinenbeutel mit warmem, bemehltem Weißbrot mit köstlicher Kruste, »backt *nonna* jeden Tag frisch«, und zuletzt eine Art großer Butterdose mit Deckel, in der sich aber keine Butter, sondern ein Riesenstück Tiramisu befand. Für dieses Abendessen hätte ich jede Sünde begangen, ach was: Ich hätte getötet für diese Leckerbissen!

Auf einmal interessierte mich mein Notebook nicht mehr die Bohne, ich klappte es einfach zu und stopfte es in meine Aktentasche. Komisch, ich war doch sonst immer ein so disziplinierter Mensch!? Was war nur plötzlich los mit mir, warf ich tatsächlich für einen hübschen jungen Italiener, ein paar Stückchen Pizza und einen Pappbecher mit Rotwein meine ganze Disziplin über Bord? Ja, genau so war es. Und es war herrlich!

Der Student aus Orvieto hieß Marcello und entpuppte sich als intelligenter junger Mann, mit dem man klug und anregend über tausenderlei Dinge plaudern konnte. Er fütterte mich unerbittlich mit den Leckerbissen seiner *mamma* und *nonna*, bis ich pappsatt war und am liebsten mit ihm bis nach Alaska weitergefahren wäre. Oder besser noch: bis ans Ende der Welt.

Wir quatschten und lachten buchstäblich die Nacht durch, leerten die Weinflasche bis zum letzten Tropfen und genossen gemeinsam die Morgenröte über dem Brenner. Irgendwann nach fünf Uhr morgens erreichten wir Rosenheim, und Marcello musste leider aussteigen. Zum Abschied schenkte er mir einen tiefen Blick aus geröteten Augen, einen zärtlichen, ganz leicht nach Pizza schmeckenden Kuss und einen Zettel mit seiner Handynummer. Ich glaube, er hatte sich in dieser Nacht ein wenig in mich verknallt. Kennt man ja: junger Typ und attraktive reifere Frau ...

Die attraktive reifere Frau, nämlich ich, fühlte sich rundum beglückt und beschenkt, denn der bezaubernde Marcello hatte, ohne es zu wissen, in dieser Nacht mein Leben verändert: Er hatte es mit seiner Lässigkeit und seiner Liebenswürdigkeit geschafft, dass ich mich spontan auf eine Situation und einen Menschen, einen fremden noch dazu, einließ. Dass ich entspannt war und fünfe gerade sein ließ.

Er hatte mich gelehrt, dass Freundlichkeit alles verändern kann. Dass man nicht nur wundervolles Essen und wunderbaren Wein geschenkt bekam, sondern obendrein Wärme und Aufmerksamkeit und Gastfreundschaft. Ohne Hintergedanken, ohne irgendeine Absicht außer der, einen Menschen, dem man zufällig begegnete, glücklich zu machen.

Marcello hatte es geschafft, dass ich um halb sieben Uhr morgens so glücklich in München ankam, wie ich es seit Monaten oder sogar Jahren nicht mehr gewesen war. Ich erkannte, dass ich selbst es mir nicht gestattet hatte, spontan, entspannt und glücklich zu sein. Ich werde diesen reizenden jungen Italiener nicht vergessen.

Aber angerufen habe ich ihn nie.

Wen ich allerdings dann anrief um halb sieben Uhr morgens, nachdem ich beschlossen hatte, dass dieser Tag viel zu schön war, um ihn mit Arbeit zu verbringen, war meine Sekretärin, der ich auf die Mailbox sprach und sie bat, mich in der Firma krank zu melden. Ich hätte mir in Rom eine Magenverstimmung eingehandelt ...

Und endlich wählte ich die Nummer meines Partners, des Mannes, der seit Jahren so viel Geduld mit mir gehabt und der immer hinter meiner Arbeit hatte zurückstehen müssen. Als er den Hörer abnahm und sich noch etwas verschlafen meldete, sagte ich: »Guten Morgen, Rita hier. Ich bin gerade mit dem Nachtzug aus Rom angekommen und habe wahnsinnige Lust auf dich. Kann ich gleich zu dir kommen? Magst du mit mir heute blaumachen und später in der Stadt bummeln gehen? Ich lade dich auch zum Italiener ein. Übrigens, bevor ich's vergesse: Bitte heirate mich ...«

Notruf des Herzens

von MARK T.

Ein gut hörbarer, sehr heller Ton schnitt in die Stille des Raums, in dem ich mich befand. Immer und immer wieder durchdrang er die Ruhe – und gab diese in dem Moment an mich weiter. Es war das Piepsen der Maschine, an die ich mit mehreren Sensoren angeschlossen war.

Das Gerät maß meine Herztöne, meinen Puls und meinen Blutdruck. Er schien nun stabil zu sein. Es war gerade noch einmal gut gegangen, denn als ich ein paar Stunden zuvor im Kino gesessen hatte, stieg plötzlich dieses eigenartige Gefühl in mir auf, sofort nach draußen zu müssen. Dieser Druck in der Brust, die aufkommenden beängstigenden, wenn auch anfangs leichten Atembeschwerden und die eigenartige Verzerrung in meinem Blickfeld. Der dunkle Raum um mich herum schien sich wie ein Gürtel um meinen Körper zusammenzuziehen. Aus Unwohlsein wurde Angst und schließlich Panik.

Später sagte mir ein Arzt, dass es wohl kein Infarkt, aber eine ernstzunehmende Herzmuskelentzündung gewesen sei, die mir mit ihren bedrohlichen Symptomen Angst eingejagt hatte. Im Krankenhaus fühlte ich mich ein wenig sicherer. Die Blutwerte waren eindeutig, und nun war ich Teil eines Dramas, das sich nicht wie geplant auf der Leinwand abspielen sollte, sondern auf mich und mein Leben übergegriffen hatte. Ich lag auf der Intensivstation.

Heute weiß ich, dass es der letzte Akt meines eigenen Familiendramas war, in dem ich die vergangenen fünfunddreißig Jahre eine Rolle gespielt hatte, ohne es zu wissen. Denn es war nicht mein Stück, in dem ich hier den Sohn spielte, sondern das meiner Eltern. Lange habe ich immer über alles hinweggelacht, wollte eine Komödie daraus machen und habe immer so getan, als wäre alles gut. Doch wie ich heute feststellen musste, stimmte das eben nicht.

Mit der Trennung und Scheidung meiner Eltern war nicht nur das Band der Ehe zerschnitten worden, sondern es ging ein Riss durch die ganze Familie. Lange Zeit versuchte ich, diese Kluft zu überbrücken, doch dabei zerriss es mich innerlich fast. Meine Kräfte schwanden, doch die Fragen waren immer noch die Gleichen:

Wer gehört zu wem?
Zu wem darf ich gehören?
Wie soll ich mit all dem umgehen?
Darf ich lieben, wie ich es will, oder doch nur so, wie man es von mir verlangt?

Es waren Fragen, die ich mir nicht bewusst stellte, deren Antwort ich aber dennoch zu finden versuchte. Mein Herz verkümmerte dabei, es hat mir an jenem Tag nachdrücklich gezeigt, dass es schwer verletzt ist und so nicht mehr weitermachen will. Ich sollte hinsehen. Ich tat es nie, jetzt musste ich. Wenn ich es auch jetzt nicht getan hätte, wäre ich gestorben.

Die Luft roch rein, jedoch nicht natürlich rein, sondern mit einem Hauch chemischer Schärfe. Es gab kaum Licht im Raum, lediglich die Geräte, an die ich angeschlossen war, spendeten ein wenig Helligkeit. Es gab diesen einen kleinen Moment, in dem ich mir gewünscht hätte, nichts gemerkt zu haben, um wortlos zu sterben. Dieser Wunsch, dass sich im Tod mein Leid auflöst und das meiner Eltern sich dafür vergrößert. Sie sollten fühlen, wie es ist, einen geliebten Menschen zu verlieren – denn so hatte ich mich die letzten Jahre immer wieder gefühlt.

Gott sei Dank verweilte dieser Gedanke nur kurz in meinem Kopf, aber er wirkte in diesen wenigen Sekunden wie eine Droge, die einen all die Schmerzen ertragen lässt. Als sich die Zimmertür öffnete, verflog dann jegliche Lust am Tod. Eine herzliche ältere Frau im hellblauen Kittel trat an mein Bett, die herauszufinden versuchte, ob ich wach und alles in Ordnung war. Diese freundliche Krankenschwester hörte auf den Namen Ursula und brachte allein durch ihre Anwesenheit eine Schwingung in den Raum, die jedes negative Gefühl vertrieb.

»Na, da haben wir aber noch mal Glück gehabt! So jung und schon Probleme mit dem Herzen! Das haben Sie nicht verdient …« Ihre Worte klangen sanft und einfühlsam, und ihre Anwesenheit wirkte so vertraut auf mich, dass ich mich ganz eigenartig geborgen fühlte.

»Wissen Sie, ich habe es vielleicht nicht verdient, aber mit Sicherheit habe ich es mir irgendwie erarbeitet«, erwiderte ich. Ich sprach mit ihr, als ob wir uns schon ein Leben lang kannten, obwohl wir uns erst vor zehn Minuten zum ersten Mal begegnet waren. Sie war erstaunlich. Ihre Worte klangen nicht wie die Phrasen einer Person, die täglich mit kranken Menschen zu tun hat und versucht, freundlich zu sein.

Sie sagte: »Als ich so alt war wie Sie, brach für mich eine Welt zusammen, vielleicht ähnlich wie bei Ihnen. Aber auch wenn ich Sie nicht kenne, weiß ich: Ihre neue Welt wird großartig. Sie müssen nur darauf vertrauen!«

Während sie mit mir sprach, zupfte sie an mir, an den Messgeräten und den Schläuchen herum und prüfte, ob alles in Ordnung war. Sie summte dabei fröhlich und warf mir immer wieder aufmunternde Blicke zu. Nachdem sie meinen Infusionsschlauch begutachtet hatte, fasste sie mit ihren beiden warmen Händen alle fünf Finger meiner linken Hand, in der auch die Infusionsnadel steckte, und sagte: »Mein Leben war immer genau so, wie es andere für mich vorgesehen hatten. Doch seit einigen Jahren weiß ich, dass nur ich selbst mein Leben bestimmen kann. Folgen Sie Ihrem Herzen, es hat Ihnen ein Zeichen gegeben.« Sie blickte mir tief in die Augen und hielt einige Sekunden inne. Ihr Blick war so intensiv, dass sie den Schmerz, der mir auf dem Herzen lag, betäubte und ich das erste Mal seit langem wieder Hoffnung spürte.

Ein Gefühl, das mir jahrelang niemand mehr hatte vermitteln können oder wollen, so sehr ich mich auch anstrengte.

Jetzt geschah es durch eine völlig fremde Person an einem Ort, der für Hoffnung wie geschaffen zu sein schien. Der Schmerz wich, erst der seelische, dann der körperliche. Heute weiß ich, dass mein Körper viel mehr Schmerz ertragen hätte als mein Herz und meine Psyche. Sie waren es, die den Alarmknopf drückten. Denn für diese Art Verletzungen gibt es keine Pflaster, keine Ärzte und nur ein einziges Medikament – die Liebe. Wenn sie fehlt, verkümmert das Herz. Man kann sie nicht heucheln, sie ist nur wirksam, wenn sie wahrhaftig ist. Ihre Kraft habe ich in diesem Moment gespürt, sie war verpackt in das aufrichtige Mitgefühl einer wildfremden Person einem leidenden Menschen gegenüber: mir.

Ich litt nicht unter der Trennung, sondern unter dem Schatten, den meine Eltern mit ihrem gegenseitigen Hass auf mein Gemüt warfen. Denn eigentlich wollte ich beide einfach nur lieben, doch sie machten es mir so schwer.

Stunden später standen sie beide dann vor mir, für den Moment vereint durch das gemeinsame Schicksal, das ich ihnen bereitet hatte. Doch genau da entschloss ich mich, nicht mehr für ihre Taten den Schaden zu übernehmen und mein Leben nach meinen Träumen zu gestalten. Ich ließ das Band los und begab mich auf meine eigene Reise. Heute habe ich oft Herzklopfen, vor Freude und Aufregung über das

Leben. Ich schreibe meine eigenen Geschichten und bin dankbar für alles, was ich bin, aber auch für all das, was ich erlebt habe.

Von der Enge zur Weite

von ERIKA S.

Januar 1945: ein eiskalter Winter mit Temperaturen von minus zwanzig Grad und endlosen Schneefällen. Ich war gerade einmal sieben Jahre alt und befand mich mit Mutter und Schwester auf der Flucht aus Wormditt in Ostpreußen.

Flucht vor den Russen! Unablässiger Kanonendonner war zu hören, die Flugzeuge über unseren Köpfen waren unterwegs, um Berlin zu bombardieren. Zwei Soldaten der Wehrmacht nahmen uns auf einem Tankwagen mit. Unser Ziel war die Stadt Eberswalde bei Berlin, wo unsere Tante eine Konditorei betrieb. Alle Straßen waren verstopft mit flüchtenden Frauen und Kindern, aber die Soldaten versicherten: »Mit uns kommen Sie hier raus!«

Vorbei an Straßengräben, schreienden Kindern, und immer die Todesangst im Nacken. Wir wollten eigentlich auf das Schiff »Wilhelm Gustloff«, doch eine Brücke, die die Zufahrt zum Schiff ermöglicht hätte, war gesprengt worden. Später wurde die »Wilhelm Gustloff« dann beschossen und sank mit mehreren tausend Flüchtlingen an Bord. Es hätte auch uns treffen können!

Unserer Flucht im Tankwagen der Wehrmacht dauerte sieben Tage und Nächte. Eines Tages musste ich plötzlich dringend auf die Toilette. Meine Mutter bat den Fahrer, kurz anzuhalten, und ich konnte mich in einem Waldstück erleichtern. Doch plötzlich fuhr der Wagen ohne mich weiter, und ich geriet in Verzweiflung. Allein zu sein war das Schlimmste für mich, und ich dachte in dem Moment nur: Lauf, lauf, lauf!

Meine Mutter hat den Fahrer angeschrien, doch um Himmels willen anzuhalten, da ihre Tochter noch nicht wieder zurück sei. Schließlich erreichte ich in heller Panik den Wagen und konnte wieder hineinklettern.

Ab Elbig fuhren wir dann in einem Güterwagon weiter. Die Wagons waren voll beladen mit etwa fünfzig verletzten Soldaten und vielen Familien mit ihren Habseligkeiten.

Die beiden Soldaten, die uns mitgenommen und uns das Leben gerettet hatten, haben wir nie mehr wiedergesehen.

Als die Türen der Wagons geschlossen wurden, saßen wir in völliger Dunkelheit und bekamen während der Fahrt mit Ziel Eberswalde kein Tageslicht mehr zu sehen.

Nach all diesen Strapazen wurde unsere Mutter krank. Meine große Schwester Eva musste täglich einen weiten, gefährlichen Weg zur Notapotheke laufen, um die lebensnotwendigen Medikamente zu besorgen.

Diese dramatische Flucht und die Enge und Beklemmung führten dazu, dass ich bis heute keine geschlossenen Türen ertragen kann, auch zum Beispiel keine Sauna besuchen kann und immer alle Türen offen halte.

Wichtig ist auch, dass ich immer große Fenster um mich habe. Nachts verfolgen mich auch heute noch manchmal Alpträume. Früher schrie ich dann oft laut. Seit der Flucht leide ich außerdem unter starken Verlustängsten. Vieles davon musste ich mit mir allein ausmachen. Doch oft folgt auf etwas Schlechtes auch wieder etwas Gutes.

Jahre später hat im Zug, auf dem Weg zur Schule, ein gutaussehender junger Mann ein Auge auf mich geworfen, meine große Schwester war mit dessen Bruder befreundet. Bei einem Schulball hat er mich dann zum Tanz aufgefordert, und es hat zwischen uns gefunkt. Auch mein Vater war von dem Jungen begeistert.

Der Vater des jungen Mannes leitete ein renommiertes Bauunternehmen im Ort, und nach unserer Heirat plante mein Mann unser gemeinsames Heim. Er sagte zu mir: »Du kannst das Haus genau so haben, wie du willst!«

Daraus wurde dann ein ganz »offenes« Haus mit vielen Fenstern und freien Flächen. Keine Enge mehr! Und diese Weite und Offenheit haben mir sehr geholfen, zu einem freien, großzügigen Menschen zu werden.

Wir haben zwei wunderbare Söhne bekommen, die auch noch Zwillinge sind und sich bestens verstehen.

So wurde zweimal in meinem Leben eine Zugfahrt mein Schicksal: Zuerst im Krieg – da brachte der Zug mich in Sicherheit vor Grauen und Todesangst –, und später als junge Frau, wo ich in einem Zug den Mann und die Liebe meines Lebens traf, der mir die Schönheit und Größe des Lebens nahebrachte.

Der Zug des Lebens steht niemals still.

Steig einfach ein, und etwas Neues beginnt!

Mein amerikanischer Traum

von FRANZ W.

Ich bin in einer gutbürgerlichen Familie aufgewachsen, habe eine vier Jahre ältere Schwester, und in meinem Leben spielte schon von Kindheit an der Sport eine große Rolle. Mein Vater, er hat italienische Wurzeln, trieb mich immer zu Höchstleistungen an. Tatsächlich habe ich dann beim Skifahren einige Pokale nach Hause gebracht, und mein Vater sah mich schon als berühmten Skirennläufer, aber das frühe Aufstehen an den Wochenenden und die ständigen Wettbewerbe gingen mir mit der Zeit ziemlich auf die Nerven.

Während meines Betriebswirtschaftsstudiums erhielt ich die Chance, bei einer deutschen Filmfirma in New York ein Auslandspraktikum zu absolvieren. Diese Zeit prägte meinen Unabhängigkeits- und Freiheitstraum enorm. »The Big Apple« – und ich mittendrin! Mädchen, Bier und coole Leute, was will man mehr als junger Mann? Das war die schönste Zeit in meinem Leben, und nach meiner Rückkehr ließ mich die Sehnsucht nach Amerika nie wieder los. Nach dem Praktikum bot mir die Firma dann einen Job an und stellte mich in München als Länderreferenten für ihre Kameras ein. Ich war für die internationalen Märkte zuständig und betreute die Länder USA, Kanada, England, Neuseeland und Australien.

Anschließend bekam ich erneut die Chance, im Rahmen eines Trainee-Programmes noch einmal ein Jahr nach New York zu gehen. Nach meiner Rückkehr nach München wurde ich zum Assistenten der technischen Geschäftsleitung befördert. Meine Karriere war auf einem vielversprechenden Weg. Da erhielt ich von einer Konkurrenzfirma ein Angebot, das ich sehr verlockend fand – denn man wollte mich in die USA schicken!

Mein Onkel, der das Familienunternehmen leitete, überprüfte allerdings die Firma und stieß auf erhebliche finanzielle Probleme. Kurzerhand bot er mir an, ob ich nicht für sein Unternehmen arbeiten wolle. Die Familie besitzt ein Feinkostgeschäft, und ich sollte für die komplette Renovierung, den Umbau, das Marketing und das Personal verantwortlich sein. Ein kompletter Relaunch des Geschäftes war geplant, und ich sollte zusätzlich noch für das Handelsgeschäft im Osten zuständig sein.

Vier Jahre arbeitete ich in der Firma meines Onkels, als ich eines Tages im Vorübergehen meinem ehemaligen Chef aus der Filmindustrie begegnete und er mir zurief: »Melde dich doch mal bei mir!« Wir vereinbarten ein Treffen, das einen Monat später stattfand. Bei dieser Verabredung stellte er mir einen Job in USA in Aussicht. Da ich zufällig einen Urlaubsflug nach New York gebucht hatte, konnte ich schon kurz darauf ein Gespräch mit dem Chef der amerikanischen

Niederlassung führen. Dieses Treffen fand im Februar 1994 statt – und fünf Monate später war ich bereits in Amerika.

Das Gehalt in den USA war zwar nur halb so hoch wie das, was ich in Deutschland verdiente, aber ich war meinem Traum wieder ganz nahe gekommen. Diese zufällige Begegnung mit meinem ehemaligen Chef und der schnelle Zuruf »Melde dich doch mal bei mir!« veränderten mein Leben von Grund auf!

Nun lebe und arbeite ich schon seit über zwanzig Jahren in den USA, davon siebzehn Jahre in New York und seit fünf Jahren in Los Angeles. Doch das Schönste war, dass meine Jugendliebe aus meiner Heimatstadt in Deutschland sich auf Drängen ihrer besten Freundin mit mir traf – und nun als meine Ehefrau mit mir in Los Angeles lebt!

Wir sind beide sehr glücklich, dass wir uns getraut haben, die »Komfortzone« zu verlassen und unseren Traum wahr werden zu lassen. So hat ein Moment mein Leben verändert!

Ich war »das Opfer«

von LINUS R.

Ich werde demnächst achtzehn, mache nächstes Jahr mein Abitur, so weit also alles im positiven Bereich. Allerdings habe ich auch schon ein paar echt schlimme Erfahrungen hinter mir, und manchmal wundere ich mich direkt, dass ich das halbwegs ohne größere Schäden überstanden habe. Als ich noch kleiner war, wurde ich nämlich mal ein Jahr lang in der Schule gemobbt. Und zwar so heftig, bis ich echt nicht mehr weiterwusste.

Bis zum Ende der Grundschulzeit lief alles normal. Ich hatte ganz gute Noten, hatte Freunde in der Nachbarschaft, war nach dem Mittagessen im Hort in der Nachmittagsbetreuung, ging mit den Schulkameraden nach den Hausarbeiten auf den Bolzplatz zum Fußballspielen, oder wir waren mit dem Fahrrad im Viertel unterwegs. Meine Mama ist allein und berufstätig, wir verstehen uns echt prima, und sie war froh, dass wir zwei uns im Alltag so gut organisieren. Als es nach der vierten Klasse um den Übertritt ins Gymnasium ging, hat meine Mama allerdings eine schlechte Entscheidung getroffen, auch wenn sie es gut gemeint hat.

Das Gymnasium bei uns im Viertel, auf das auch ein paar meiner Grundschulkumpels wechselten, bot keine Nachmittagsbetreuung an. Da sie erst nach

16 Uhr aus der Arbeit kommt, suchte meine Mama für mich eine Ganztagsschule in einem weiter entfernten Stadtviertel aus, wo ich morgens mit dem Schulbus hingebracht und nachmittags um vier wieder zurück in unseren Stadtteil gefahren wurde. Ich habe gebettelt, dass sie mich in das Gymnasium in der Nähe wechseln lässt, ich habe versprochen, dass ich mir mittags selber was zu essen mache und die Hausarbeiten allein erledige. Aber es half nichts, sie fand, dafür wäre ich noch zu jung. Im September wechselte ich also mit elf Jahren in die neue Schule.

Nun muss ich dazu sagen, dass ich damals ein stinknormaler Junge war. Bin ich eigentlich bis heute. Ich sehe ziemlich normal aus, nicht wahnsinnig schön, aber auch nicht irgendwie komisch. Ich komme im Allgemeinen ganz gut mit Leuten klar, hatte immer Freunde und Kumpels. In der Schule war ich so weit gut, aber nichts Besonderes, kein Superschüler, kein Streber, keine auffallenden Begabungen, außer vielleicht beim Sport. Mit den Lehrern kam ich im Großen und Ganzen gut klar. Ich trug ganz normale Klamotten und redete wie alle anderen. Aber schon am ersten Tag in der neuen Schule zweifelte ich daran, ob mit mir wirklich alles in Ordnung war, beziehungsweise was mit mir nicht stimmte.

Die Schüler in meiner Klasse kamen fast alle aus anderen Stadtvierteln mit dem Schulbus, fuhren nachmittags auch wieder alle in ihre heimische Umgebung zurück. Die kannten sich vorher auch nicht, aber man konnte schon nach ein, zwei Tagen sehen, wo Cliquen am Entstehen waren, wo Jungs sich anfreundeten, gemeinsame Interessen hatten und sich im Schulhof in der Pause zusammenrotteten. Die Sitzordnung im Klassenzimmer festigte sich. Auch ich hatte einen Banknachbarn, aber der sprach vom ersten Tag an grundsätzlich nicht mit mir. Wenn ich mich in der Pause an eine Clique anzuhängen versuchte und hinter denen her in den Schulhof trottete, drehte sich garantiert einer um und sagte: »Zieh Leine, du Opfer.« Und wenn ich zu einer Gruppe hinschlenderte, die Bälle kickte, sagte sofort irgendeiner: »Hau ab, du spielst hier nicht mit.«

Ich war völlig ratlos, ich verstand es nicht, musste es aber akzeptieren. Was sollte ich auch sonst tun? Schon nach ein paar Wochen war ich so isoliert und »unsichtbar« für die Mitschüler, dass verschiedene Lehrer eingreifen wollten. Sie bemühten sich ganz besonders um mich, versuchten zwischen mir und den anderen in der Klasse zu vermitteln, bildeten häufiger als sonst Arbeitsgruppen im Unterricht oder Sportteams auf dem Schulhof, für die sie mich einteilten, oder Zweiergruppen für die Nachmittagsaufgaben. Es half aber alles nichts. Nur wenn es gar nicht anders ging und womöglich ein Lehrer daneben stand, redete einer der Mitschüler ein paar Worte mit mir. Dann war wieder Feierabend.

Auch daheim verlor ich mehr und mehr den Kontakt zu meinen früheren Schulfreunden und Kumpels. Wenn ich am späten Nachmittag endlich wieder zu Hause war, fanden keine Treffen mehr statt. Wir waren schließlich alle erst zehn, elf Jahre alt und durften nach Einbruch der Dunkelheit nicht mehr groß nach draußen. Und an den Wochenenden waren die meisten mit der Familie unterwegs.

Meiner Mutter blieb mein Kummer ziemlich lange verborgen, es fiel ihr zwar auf, dass ich abends immer stiller war, aber wenn sie mich fragte, was los war oder wie es denn so in der Schule lief, sagte ich meistens nur: »Schon okay.« Dann grinste sie und meinte: »Euch Jungs muss man aber auch immer alles aus der Nase ziehen!«

Erst als meine Noten gegen Ende des ersten Gymnasiumsjahres total absackten, weil ich nachts schlecht schlief, mich nicht mehr konzentrieren konnte und auch keine Lust mehr hatte, mich auf den Unterricht vorzubereiten, begann sie sich ernsthaft zu sorgen und vereinbarte einen Termin mit meinem Klassenlehrer.

Ehrlich gesagt, hatte ich zu dem Zeitpunkt, nach fast einem Jahr Isolation in der Schule, schon begonnen, über irgendeine Art von Ausweg nachzugrübeln. Wie man sich das als Elfjähriger eben so vorstellt: von daheim abhauen, auf der Straße leben, nach Amerika gehen, als Schiffsjunge arbeiten, mit einem Zirkus mitreisen, all so blödes Zeug eben. Bloß nicht mehr jeden Morgen in die Schule müssen!

Unser Klassenlehrer hat meiner Mutter dann wohl erzählt, dass ich im Unterricht, während der Mittagspause und in der Nachmittagsbetreuung »massive

Probleme mit Mitschülern« hätte. Was für ein Bullshit! Nicht ich hatte Probleme mit den anderen, sondern doch wohl die mit mir! Aber darauf kam es ihm nicht an. Meine Mutter fiel jedenfalls aus allen Wolken und hat sich am selben Abend mit mir zusammengesetzt. Erst wollte ich nicht so recht raus mit der Sprache, irgendwie hatte ich ja immer das Gefühl, es sei irgendwie meine Schuld, dass ich keine Freunde fand, es müsse etwas mit mir nicht stimmen, weil keiner was mit mir zu tun haben wollte. Gar nicht so einfach, das zuzugeben als kleiner Knirps oder das überhaupt so zu formulieren, dass ein Erwachsener das versteht.

Aber meine Mutter traf dann Gott sei Dank beim zweiten Mal die richtige Entscheidung. Sie fand zwar, ich sollte nicht vor dem Ende des Schuljahrs die Klasse verlassen, sondern redete mir zu, mich irgendwie die paar Wochen noch durchzubeißen. Dann kämen sowieso die großen Ferien, und im neuen Schuljahr sollte ich auf jeden Fall in die 6. Klasse des Gymnasiums in meinem Viertel wechseln, wo auch etliche meiner alten Grundschulkumpels waren. Gleich am nächsten Tag vereinbarte sie einen Termin mit dem Direktor dort, erzählte ihm von meiner Notlage und machte alles klar fürs neue Schuljahr.

Dann fasste sie sich ein Herz, telefonierte mit der Mutter meines alten Kumpels Paul und fragte sie schüchtern, ob sie vielleicht damit einverstanden wäre, dass ich mit Paul mittags nach der Schule zu denen heimging, dort mit der Familie zu Mittag aß und nachmittags mit Paul unter Aufsicht seiner

Mutter Hausaufgaben machte. Sie bot Pauls Mutter eine anständige Bezahlung an, und Frau L. war zum Glück gern bereit, sich um mich zu kümmern, bis Mama nach Hause kam.

Ich kann mir heute, wo ich fast erwachsen bin, besser vorstellen, wie schwer es meiner Mutter damals gefallen sein muss, über ihren Schatten zu springen und eine fremde Frau um Hilfe zu bitten. Ganz zu schweigen von dem Geld, das bei uns nicht gerade locker saß. Aber meine Mama hat goldrichtig gehandelt, und ich bin ihr bis heute total dankbar dafür.

Die letzten Wochen in der alten Schule habe ich dann tatsächlich ziemlich cool hinter mich gebracht, ich wusste ja, dass ich dort bald wegdurfte, und versuchte mir nichts mehr aus der Gemeinheit der anderen Schüler zu machen. Ich bin richtig aufgelebt, nachdem diese Last weg war.

Schon in den großen Ferien war ich dann ständig mit meinen alten Kumpels zusammen, es war, als wären wir nie getrennt gewesen. Und fast – aber wirklich nur fast – freute ich mich schon auf den ersten Schultag im neuen Gymnasium. Wie man sich halt als Schulkind so aufs nächste Schuljahr freut ... Trotzdem muss ich zugeben, dass ich am ersten Schultag der 6. Klasse doch Muffensausen hatte. Es war ja immerhin wieder eine ganz neue Schule, nicht nur meine alten Grundschulkumpels, sondern auch viele fremde neue Mitschüler sollte ich kennenlernen. Und ganz neue Lehrer dazu. In der Nacht vor dem ersten Schultag habe ich nicht gut geschlafen.

Richtig aufgeatmet habe ich dann erst beim Pauseläuten. Ich trödelte etwas verkrampft herum und holte umständlich mein Brot und meine Trinkflasche aus der Tasche, da haute mir jemand von hinten auf die Schulter und trötete: »He, du Langweiler!« Als ich mich geschockt umdrehte, guckte ich in ein lustiges Gesicht mit jeder Menge Sommersprossen und einem frechen Grinsen. Es war mein neuer Mitschüler Michael, hinter ihm standen noch vier oder fünf andere grinsende Jungs, die mir am Morgen schon aufgefallen waren, weil sie laut, witzig und total gut drauf waren. »Mann, Linus, komm in die Hufe. Wir wollen in der Pause ein paar Bälle werfen, hast du Lust, mitzumachen?«

Dieser Moment hat nicht nur meinen ersten Schultag gerettet und mir eine Riesensorge von der Seele genommen, sondern letztlich mein ganzes Leben verändert. Mir war mit einem Mal klar, dass ich gar nichts Besonderes »sein« musste, nichts »bringen«, nichts Schlaues sagen oder Cooles tun musste, um einfach so akzeptiert und integriert zu werden. Dass ich es wert war, gemocht zu werden!

Das werde ich dem frechen Michael und den anderen Kumpels nie vergessen. Wir sind übrigens bis heute gute Freunde und überlegen sogar, nach dem Abitur zum Studium gemeinsam in eine andere Stadt zu gehen und eine WG zu gründen ...

Eine Erfahrung, die alles auf den Kopf stellt

von HANS F.

Es war das Jahr 1999, und uns ging es prächtig. Meine Frau Erika und ich hatten wirklich alles, wovon andere vielleicht träumen. Wir führten eine gute Ehe, bewohnten ein schönes Haus und waren beide im Immobilien- bzw. Bauträgerbereich tätig. Mit bis zu 45 Angestellten hatten wir in dreißig Jahren ein wirklich eindrucksvolles Unternehmen aufgebaut, und der außerordentliche Erfolg gab unserem Handeln täglich aufs Neue Recht.

Von außen gesehen gab es keinen Grund, über irgendeine Veränderung nachzudenken. Wir waren beide mehr als zufrieden, und dennoch haben wir ganz ohne Not »von heute auf morgen« alles aufgegeben und in unserem Berufs- und Privatleben eine komplett neue Richtung eingeschlagen. Doch lassen Sie mich diese seltsame Geschichte ganz von vorn erzählen.

Erika, die als Inhaberin einer erfolgreichen Immobilienfirma geschäftlich gut »eingespannt« war, litt immer wieder unter höllischen Nackenverspannungen.

Typisch für einen Schreibtischjob, dachten wir und suchten Rat bei allen möglichen Fachärzten und Physiotherapeuten. Doch die Attacken wurden immer schlimmer, und die Diagnosen der Mediziner gleichzeitig immer vager. Eine körperliche Ursache konnte trotz aller Untersuchungen nicht festgestellt werden, und so einigte man sich auf »Spannungsstress« und »zu viel Bildschirmarbeit«. Erikas schmerzvolle Odyssee nahm volle zwei Jahre in Anspruch, ohne dass auch nur die kleinste Tendenz zur Besserung in Sicht gewesen wäre.

Bis Erika eines Tages von einer Mitarbeiterin den Tipp bekam, doch einmal deren Heilpraktiker zu konsultieren. Dieser Wolfgang Paliga praktizierte ein ungewöhnliches Untersuchungsverfahren: Er testete seine Patienten mit der Wünschelrute aus. Radiästhesie nennt man die Methode, so erfuhren wir später. Die prompte Diagnose des Heilpraktikers lautete: »Sie haben ein Problem im oberen Halswirbelbereich und zusätzlich eine Gift- sowie eine Impfbelastung. Außerdem schlafen Sie in diesem Halswirbelbereich auf einer Wasserader, die Ihren dritten Halswirbel seit zwei Jahren immer wieder verdreht.«

Genie oder Scharlatan?

Zuerst waren wir sprachlos und wussten nicht, ob wir auf solchen »Humbug« vertrauen sollten. »Der spinnt doch«, war meine erste Reaktion. Wir wohnen doch schon seit siebzehn Jahren im selben Haus, wo soll da plötzlich eine Wasserader im Schlafzimmer herkommen?« Doch der Schmerz war stärker als der

Zweifel, und Erika erinnerte sich plötzlich, dass wir das Bett vor exakt zwei Jahren umgestellt hatten. Also ließ sie sich auf diese seltsame Behandlung ein. Nach einer Giftausleitung renkte der Heilpraktiker den Halswirbel ein und empfahl uns, das Bett unbedingt an einen anderen Platz zu rücken. Als Alternative dazu zeigte er uns ein kleines Edelstahlrohr, das angeblich imstande sein sollte, die pathogene Wirkung der Wasserader »auszulöschen«. Das ganze Haus werde mit dieser Maßnahme neutralisiert und frei von geopathogener Strahlung sowie Elektrosmog. Genau dafür entschieden wir uns dann auch. Wir besorgten uns dieses Gerät – es heißt memonizer –, und meine Frau war augenblicklich beschwerdefrei! Das war der Moment, der unser Denken und später unser Handeln komplett aus den Angeln gehoben hat.

The point of no return ...

Eigentlich konnten wir das alles gar nicht fassen, doch die Wirkung war so überwältigend, dass wir begannen, uns tiefer mit dem Thema zu beschäftigen. Im Bereich Immobilien hatten wir uns bereits auf ökologisches Bauen spezialisiert, doch dies hier war noch einmal eine ganz andere Dimension. Ich führte viele Gespräche mit dem Heilpraktiker, der mir eindrucksvoll die Wirkung eines Chips demonstrierte, der auf Reisen vor Elektrosmog schützt, und ich war so begeistert, dass ich Kontakt zu dem Entwickler, einem Herrn Winfried M. Dochow, aufnahm.

Sein Denken und seine Entwicklungen waren absolutes Neuland für mich. Er führte mich in eine ganzheitliche Welt ein, die für Erika und mich zuvor völlig im Verborgenen gelegen hatte. Voller Begeisterung arbeitete ich mich im Lauf eines Jahres immer tiefer in die Materie ein, begleitete Herrn Dochow auf Veranstaltungen und zu Terminen bei Kunden, wo ich mich immer wieder von der verblüffenden Wirkungsweise seiner Geräte überzeugen konnte.

Irgendwann kam dann der Punkt, an dem es kein Zurück mehr gab. Erika und ich waren Feuer und Flamme für diese Produkte, und wir wünschten uns, dass noch viel mehr Menschen mit Hilfe dieser Geräte gesund werden und die energetischen Zusammenhänge ganzheitlicher Heilung entdecken. Das war natürlich ganz im Sinne von Winfried M. Dochow, der durch und durch Entwickler war und dem für Marketing und Vertrieb des memonizer viel zu wenig Zeit blieb.

So entschloss ich mich nach einem sehr bewegten Jahr, das mein Denken und mein Weltbild so ziemlich auf den Kopf stellte, meine erfolgreichen Bauträgerunternehmen aufzugeben und noch einmal ganz von vorn zu beginnen. Eine Entscheidung, die weitreichende Folgen hatte und bis ins Detail wohlgeplant sein wollte, schließlich trug ich Verantwortung für mehrere florierende Unternehmen und – das Allerwichtigste – für eine große Anzahl engagierter Mitarbeiter. Doch ich brannte dafür, mich hundertprozentig auf memon – wie wir unsere neue Firma nannten – zu konzentrieren, um immer mehr Menschen in den Genuss dieser Technologie zu bringen.

Ein Lebensziel, das damals nicht viele Menschen in meinem Umfeld teilen konnten. Erika brauchte noch etwas Zeit, bis sie sich ganz memon widmen konnte. Schließlich musste auch sie einen vertrauenswürdigen Nachfolger finden, dem sie ihr Maklerunternehmen sowie ihre Angestellten mit gutem Gewissen übergeben konnte.

Sich ganz dem eigenen Lebensinhalt widmen!

Erika und ich bereuen keinen Tag, diesen Schritt getan zu haben. Doch so selbstverständlich es für uns auch war, unserer Überzeugung zu folgen – von unserem Umfeld wurden wir anders wahrgenommen. »Spinner, völlig verrückt, komplett naiv«, so lauteten noch die harmloseren Kommentare. Wir boten auch unseren Mitarbeitern an, unserer Vision zu folgen, doch nur vier davon fanden den Mut, eine finanziell bestens gesicherte Position gegen eine Tätigkeit in einer Firma einzutauschen, die sich in der absoluten Aufbauphase befand.

Unser Schritt von der materiellen auf die feinstoffliche Ebene hat uns nicht nur Freunde beschert. Nachdem wir der Veränderung Tür und Tor geöffnet hatten, galt es, sie in allen Bereichen zuzulassen. Unsere unkonventionelle Entscheidung hat nicht nur unser berufliches Leben auf den Kopf gestellt, sondern auch das soziale Leben heftig durchgemischt. Es war eine sehr turbulente und lehrreiche Zeit, aber noch immer sind wir glücklich über den Mut und die absolute Unbeirrbarkeit, mit der wir zu unserer Überzeugung stehen konnten. Heute ist uns klar, dass wir

mit diesem Schritt zu unserer eigentlichen Lebens-
aufgabe gefunden haben.

Wie richtig das war, sehen wir an der großen
Begeisterung, mit der sich immer mehr Menschen auf
das Thema der Ganzheitlichkeit einlassen können,
wenn sie erst einmal erkennen, welch grundlegende
Heilung auf feinstofflicher Ebene möglich ist. Heute,
mehr als fünfzehn Jahre nach unserer »persönlichen
Wende«, hat sich die Gesellschaft stark verändert.
Immer mehr Menschen leben in dem Bewusstsein,
dass sie gut auf sich und ihr energetisches Umfeld
achten müssen, sie sind wesentlich offener für Dinge
zwischen Himmel und Erde, die man nicht sehen
kann, die uns aber sehr wohl beeinflussen.

Wie Erika und ich sind zahlreiche Kunden und
Partner zutiefst dankbar für die memon-Technologie
und die ganzheitliche Form von Wohlbefinden, die sie
mit sich bringt.

Man sollte nie nie sagen ...

von THERESA V.

»Heiraten? Kommt für mich nie in Frage!« Mit diesem Statement habe ich schon als Teenager meine Eltern wahnsinnig gemacht, allerdings nahmen die mich da noch längst nicht ernst. Das legt sich schon wieder, wenn das Kind erst den Richtigen trifft, dachten sie sich. »Das Kind« hatte allerdings andere Pläne, die zwar einen Mann oder gern auch mehrere beinhalteten, aber über meinem Leben stand definitiv die Überschrift: »Ich will frei und unabhängig bleiben!«

Eigentlich weiß ich gar nicht genau, woher meine Aversion gegen eine feste Bindung, Ehe und Familie kam. Meine Eltern waren bis zu ihrem Tod verheiratet, also über sechzig Jahre lang, und auch halbwegs glücklich miteinander. Ich mochte meine Eltern und Geschwister sehr, ging immer gern zu allen Familienfeiern. Ich liebe meine Nichten und Neffen und wertschätze meine Wurzeln.

Zu Männern hatte ich immer ein recht entspanntes Verhältnis, ich glaube das liegt zum einen daran, dass ich Männer nicht wirklich verstehe, und zum anderen daran, dass ich sie auch nicht so wahnsinnig ernst nehme. Ich mag Männer einfach, und basta. Wie es sich gehört, hatte ich in meiner Jugend eine erste große Liebe, die nach ein paar Jahren dramatisch und tränenreich in die Brüche ging. Seine Schuld, nicht meine. Dann kamen weitere Lieben, manche inniger, manche oberflächlicher, manchmal beendete ich die Beziehung, manchmal mein jeweiliger Freund.

Während des Studiums genoss ich das Leben in vollen Zügen, wie das früher noch möglich war, als man ungestraft ein paar Semester länger brauchen durfte und trotzdem noch einen halbwegs ordentlichen Job fand. Ich hatte ein paar sehr nette Beziehungen, achtete aber peinlich genau darauf, dass keiner der jungen Männer auf ernsthafte Gedanken kam. Und der Ausdruck »junge Männer« trifft des Pudels Kern: Ich hatte nie ein Faible für ältere Männer, schon Gleichaltrige fand ich meist zum Gähnen langweilig, spießig, arriviert und so weiter.

Ich war die junge Powerfrau und wollte das auch bleiben. Als der zufriedenste und fröhlichste Single weit und breit galt ich in meinem Bekanntenkreis, mit einer hübschen Zweizimmerwohnung, einem kleinen Auto, schicken Klamotten, einer netten Freundesclique und vor allem tollen Freundinnen.

Beruflich war ich ganz gut gestartet nach dem Studium, ich hatte eine Assistentenstelle an der Uni ergattert, die allerdings auf zwei Jahre befristet war. Aber jeder beteuerte mir, dass ich mit meinem Talent, meiner Ausbildung und meinen Fähigkeiten sicher sehr schnell einen guten Job finden würde.

Es gab eine Firma, noch dazu in meiner Heimatstadt, die mein absoluter Traumarbeitgeber war, und ich beschloss, eine Blindbewerbung zu starten. Der langen Rede kurzer Sinn: Ich bekam eine der begehrten Stellen in diesem Haus. Zwar mit der Perspektive, stark gefordert und gefördert zu werden, überdurchschnittlich viel leisten und einen ziemlich unberechenbaren Vorgesetzten aushalten zu müssen. Aber ich war sicher, mich damit arrangieren zu können. Vom Tag der Zusage an war ich hundertprozentig entschlossen, alles zu tun, um lange in dieser tollen Firma bleiben zu können und mir dort etwas Gutes aufzubauen.

In der Firma herrschte ein sehr nettes Betriebsklima, es wurde auch viel in den Abteilungen gefeiert, auch der oberste Boss gab für alle Mitarbeiter einen aus, wenn die Firma einen Erfolg zu feiern hatte. Es war ausgerechnet im Februar, als ich in der Firma anfing – Endspurt der Faschingszeit. Und es kam, wie es kommen musste: Am Faschingsdienstag gab der Chef uns ab Mittag frei, und in der Firma wurde Fasching gefeiert, was das Zeug hielt. Mehr oder weniger heftige Flirts unter den Angestellten inklusive. Ich als die neueste und sehr hübsche Kollegin bekam natürlich jede Menge Avancen – die ich selbstverständlich charmant, aber unmissverständlich abwehrte.

Nun gab es in dieser Firma einen sehr gutaussehenden Kollegen, der überaus charmant und kollegial war, der Schwarm aller Damen weit und breit. Nicht nur bei uns im Haus, sondern in der ganzen Branche

hatte er als Herzensbrecher einen Ruf wie Donnerhall …
Mit diesem Kollegen hatte ich zum Glück im Berufsall-
tag kaum etwas zu tun, wir arbeiteten in verschiedenen
Abteilungen, und es gab im Produktionsablauf keine
Berührungspunkte zwischen uns. Daher fiel es – nicht
nur mir, sondern auch anderen Kollegen – umso mehr
auf, dass er ganz offensichtlich immer wieder »zufällig«
meine Nähe suchte. Das ging mir ziemlich auf die
Nerven, denn ich wollte in der Firma keinen Flirt haben
und auch kein Getratsche riskieren. Außerdem war
dieser Kollege als Mann eigentlich gar nicht mein Typ,
überdies dreizehn Jahre älter als ich und noch dazu in
festen Händen. Und in der Firmenhierarchie ein, zwei
Stufen über mir, der jungen Nachwuchskraft.

Der Fasching ging vorüber, der Arbeitsalltag kehrte
wieder ein, und ich strafte den Kollegen konsequent
mit Nichtachtung, allerdings ohne unhöflich zu sein.
Aber die Signale, die ich aussandte, waren eindeutig:
Nein, danke.

Dann wurde im Mai die alljährliche große Geschäftsleitungsrunde einberufen, und unsere Abteilung war
für die Vorbereitung und den reibungslosen Ablauf
dieses Firmenevents zuständig. Wir organisierten
die Räumlichkeiten, das Catering, die Ausrüstung,
die Pressearbeit und so weiter. Dafür war unser
Abteilungsleiter dann auch zum schicken Abendessen
mit der großen Geschäftsleitungsrunde eingeladen,
und weil ich mich richtig ins Zeug gelegt und einen
sehr guten Job gemacht hatte, lud er mich als Aner-
kennung ein, ihn zu begleiten.

Ich schwankte zwischen Begeisterung, Vorfreude und Nervosität. Kaufte mir ein schickes Kleid, ging zum Friseur. Und ertappte mich dabei, dass ich an dem betreffenden Tag morgens vor der Arbeit meine Wohnung aufräumte. Wie ein Blitz durchfuhr mich die Gewissheit, dass ich den gutaussehenden Kollegen an diesem Abend mit nach Hause nehmen würde! Mir wurde abwechselnd heiß und kalt und übel. Aber ich bin ein ziemlich intuitiver Mensch und habe mich schon als Kind daran gewöhnt, »komische« Eingebungen und Gedanken einfach zuzulassen und darauf zu vertrauen, dass alles irgendwie einen Sinn hat. Dieses Mal aber war mir gar nicht wohl dabei, und ich betete darum, dass es bloß Quatsch war.

Den ganzen Tag stand ich unter Strom, versuchte krampfhaft, den Gedanken an den Ausgang des Abends zu verdrängen, und beschwor mich, dass ich mich ganz sicher täuschte. Beim Abendessen dann saß der Kollege recht weit entfernt von mir an einem anderen Tisch, zum Glück. Ich guckte nicht hin und vermied jeden Blickkontakt. Ich trank fast nur Mineralwasser, weil ich mich nicht traute, von dem teuren Wein zu trinken, und unbedingt die Kontrolle über die Geschehnisse des Abends behalten wollte.

Beim letzten Gang des Menüs lockerte sich die Sitzordnung etwas auf, die Leute wechselten mit ihren Desserttellern an andere Tische, unterhielten sich mit anderen Kollegen, es wurde recht viel getrunken. Eine Kollegin aus dem Controlling hatte es sich ganz offensichtlich zum Ziel gesetzt, den attraktiven Kollegen aufzureißen. Sie erkämpfte sich tatsächlich den Platz direkt neben ihm, und als ich zufällig in die Richtung schaute, sah ich, wie sie ihren Arm um seinen Hals legte und die andere Hand auf seinen Oberschenkel wanderte. Und schon wieder schoss ein Gedanke wie ein glühender Blitz durch meinen Kopf: Gib dir gar nicht erst Mühe, Mädel. Der Typ geht heute mit mir nach Hause, das wird später mein Mann.

Ich fiel vor Schreck fast vom Stuhl und beschloss, so schnell wie möglich aufzubrechen und nach Hause zu fahren. Allein!!!

Als ich an der Garderobe stand und meinen Mantel holte, stand er plötzlich hinter mir und sagte: »Du kannst nicht einfach so gehen, ich denke schon den ganzen Tag an dich, und ich komme jetzt mit.« Ich brachte kein Wort heraus, aber wir gingen nebeneinander her zum Taxi und fuhren in einträchtigem Schweigen, so als ob wir eine stumme Vereinbarung getroffen hätten, zu meiner Wohnung.

Erst da war es, als hätte ich die Realität akzeptiert. Wir fielen uns in die Arme und haben uns bis heute keinen Tag mehr getrennt.

Nächstes Jahr bin ich dreißig Jahre mit meiner großen Liebe verheiratet!

Meine wunderbare Heilung

von BARBARA R.

Eigentlich bin ich ein ganz gewöhnlicher Mensch, doch mir wurde ein so erstaunliches Geschenk zuteil, dass ich mich bis heute frage, womit ich es verdient habe. Und das gibt mir das Gefühl, vielleicht doch jemand Besonderes, jemand Wichtiges zu sein.

Ich bin jetzt sechsundfünfzig Jahre alt, und mein Leben ist wunderbar. Geboren wurde ich in Amerika, ich habe vier Geschwister, meine Mutter ist noch am Leben und bei guter Gesundheit. Nach dem Abschluss der Highschool absolvierte ich drei Jahre lang das College, und danach war ich in verschiedenen Jobs tätig und lernte immer wieder großartige Menschen kennen. Meinen wundervollen Mann habe ich mit siebenundzwanzig geheiratet, wir haben drei bildhübsche Töchter – zwei davon sind bereits ebenfalls verheiratet – und einen perfekten Enkelsohn. Gelegentlich gehe ich auf Reisen, und ich liebe es! Doch heute möchte ich von einem Ereignis erzählen, das im Alter von zwanzig mein Leben in den Grundfesten erschütterte. Das war im Jahr 1980.

Erst 1992 erhielt ich die Diagnose: multiple Sklerose (MS). Tatsächlich hatte ich die Krankheit bereits seit

Jahren, wusste jedoch nicht, dass sie der Grund für die verschiedenen Symptome war, mit denen ich mich plagte. Ich suchte einen Neurologen auf, der ein MRT meines Gehirns erstellte. Ich erinnere mich, dass ich, als der Arzt mich dann anrief und mir seine Diagnose mitteilte, verblüfft war, aber nicht wirklich in der Lage zu verstehen, was genau MS zu bedeuten hatte.

Multiple Sklerose ist eine unberechenbare Krankheit, die oft das zentrale Nervensystem eines Menschen so schwer schädigt, dass der Informationsfluss innerhalb des Gehirns sowie zwischen Gehirn und Körper zerstört wird. Bei der MS stören die Schädigungen am Myelin im zentralen Nervensystem – und an den Nervenfasern selbst – die Übermittlung von Impulsen zwischen Gehirn, Rückenmark und anderen Teilen des Körpers.

Jeder an MS erkrankte Menschen kann unter völlig unterschiedlichen Symptomen leiden, abhängig davon, welcher Bereich des Myelin-Gewebes angegriffen ist. Einige der am häufigsten auftretenden Symptome von MS sind Müdigkeit, Stimmungsschwankungen, Aufmerksamkeits- sowie Erinnerungs- und Gedächtnisstörungen, Muskelverspannungen und -versteifung, körperliche Schwäche oder schlechte Koordinationsfähigkeit, Taubheitsgefühle und Kribbeln sowie Schmerzen in Armen und Beinen, Sehstörungen und manchmal auch Blasen- und Verdauungsprobleme.

Als ich noch auf dem College war, suchte ich bei allen medizinischen Beschwerden oder Bedürfnissen das Universitätskrankenhaus auf und erhielt dort stets eine sehr gute Behandlung von einer Reihe von Fachärzten. Als ich mein Taubheitsgefühl und das Kribbeln beschrieb, unterzog man mich einer Computer-tomographie. Dann machte der Arzt einen Prick-Test an meinen Füßen und befragte mich dabei, ob der Schmerz, den ich verspürte, eher scharf oder dumpf war. Die Untersuchungen erbrachten anscheinend kein Ergebnis, doch danach belauschte ich ein Gespräch zwischen dem Arzt und einem MTA, dem medizinisch-technischen Assistenten, in dessen Ver-lauf der Arzt sagte, ich litte vielleicht unter multipler Sklerose. Diesen Arzt habe ich nie wieder aufgesucht.

Ich kann mich erinnern, sowohl Taubheitsgefühle als auch Kribbeln in meinen Füßen wahrgenommen zu haben, als ich in den späten 1980er Jahren frisch verheiratet war. Die Firma, für die ich damals arbeitete, veranstaltete eine Festtags-Parade, und mein Mann hatte beim Bau des Festwagens mitgeholfen. Schon auf der Hälfte der Strecke schmerzten meine Füße und waren taub. Ich warf meine Lieblingssneaker weg, weil ich dachte, sie seien schuld an meinen Fuß-schmerzen. Schmerzen in den Beinen hatte ich im Lauf der Jahre immer wieder, und sie verschwanden auch immer wieder. Wir entdeckten ein Medikament zur örtlichen Schmerzlinderung, angepriesen als »die Behandlung für jeden Tag und für chronische Schmer-zen«, das Tierärzte für Pferde empfahlen. Diese Lotion begann zu wirken, nachdem man auf die betreffende Stelle nach dem Einreiben ein feucht-warmes Hand-tuch auflegte – so entstand eine wundervolle Wärme, die tatsächlich für eine Weile den Schmerz vertrieb.

In den folgenden Jahren rieb mir mein reizender Ehemann die Beine und Füße ein, wann immer ich Schmerzlinderung benötigte.

In den frühen 1990er Jahren dann kämpfte ich gegen überwältigende Müdigkeit und Gliederschwäche an, was das Autofahren zu einer sehr unsicheren Angelegenheit machte. Meine Arme waren extrem schwach und zittrig, manchmal konnte ich nicht einmal schreiben oder das Baby tragen. Die Symptome fingen immer ganz langsam an und verschlechterten sich dann, stabilisierten sich auf hohem Niveau für ein paar Wochen und gingen dann langsam wieder zurück. Es war nie vorhersehbar, welchen Teil meines Körpers es betreffen und völlig außer Kontrolle setzen würde.

Ich las im Lauf der Jahre sehr viel über MS und erwarb mir zunehmend Wissen über die neuesten »Heilmittel« und Behandlungen. Der Stand der Forschung war zu der Zeit noch im Experimentierstadium, es gab nichts, was wirklich half. Ich erinnere mich, einmal sogar gelesen zu haben, Bienenstiche seinen ein Gegenmittel bei MS! Du lieber Himmel …

Jedenfalls wurde mir klar, dass ich Hilfe brauchte. Mein Mann war beim Militär und oft für unbestimmte Zeit auswärts eingesetzt. Als der Arzt mich anrief und mir die Diagnose MS stellte, hatten mein Mann und ich eine süße Dreijährige und ein neugeborenes Baby. Die Herausforderungen waren enorm und sehr lähmend. Sogar ganz alltägliche Routinen stellten mich vor riesige Probleme.

Tief im Innern kam ich als gläubiger Menschen dann zu dem Entschluss, dass ich unsere Gemeinde um ein Gebet zu Gott für mich bitten wollte. Als ich mit diesem Anliegen zu meinem Pastor kam, bat er mich um ein wenig Geduld; er werde in Kürze wieder auf mich zukommen. Ich verstand diese Reaktion auf mein Anliegen nicht, aber ich vertraute ihm und wusste, dass es in Ordnung war. Dann bat ich meinen Mann (er war zu der Zeit wieder auswärts stationiert) und meine Familie, ebenfalls für mich zu beten. Was sie selbstverständlich auch taten: Sie fasteten und beteten für mich. Der Pastor rief mich dann zwei Wochen später wieder an – ich bin mittlerweile sehr sicher, dass die Gemeinde in dieser Zeit ebenfalls fastete und sich auf das Gebet vorbereitete. Er informierte mich, dass er, seine Ehefrau (die sich um meine Töchter kümmern würde) und sieben Diakone mich zu Hause besuchen würden, um mit mir und für mich zu beten.

Sie kamen an einem Mittwochabend nach dem Gottesdienst, salbten meine Stirn mit einem Tropfen Öl und beteten dann gemeinsam zu Gott, damit er mich heilen möge. Sie beteten zu seinem Sohn Jesus Christus und erbaten für mich das Heilungsversprechen, das in dem Blut liegt, das er für uns am Kreuz vergossen hat. Während dieser häuslichen Zeremonie fühlte ich keine besonderen körperlichen Veränderungen, aber ich bedankte mich bei allen mit einer herzlichen Umarmung und verabschiedete mich von ihnen.

Nachdem sie unser Haus verlassen hatten, spürte ich – nichts! Sämtliche Symptome meiner Krankheit waren verschwunden! Ich kann mich noch gut erinnern, wie ich mit meiner dreijährigen Tochter durchs Haus tanzte und jede Kerze anzündete, die ich finden konnte. Es war eine richtige Lobpreisungsparty! Dann rief ich sofort meinen Mann an und erzählte ihm alles, was an diesem Abend geschehen war. Er war vor Freude ebenso aus dem Häuschen wie ich. Leider war es schon spät, sonst hätte ich jeden einzelnen Menschen angerufen, den ich kannte.

Seit jenem Abend vor vierundzwanzig Jahren sind keinerlei MS-Symptome mehr bei mir aufgetreten, obgleich ein erneutes MRT zeigte, dass die Sklerose immer noch vorhanden ist.

Drei Jahre nach meiner wunderbaren Heilung brachte ich eine weitere Tochter zur Welt. Alle meine Kinder sind zu tollen Menschen herangewachsen. Wir sind gesegnet! Ich bin so dankbar für mein Leben und meine Mobilität, aber ich weiß, es gibt keine Garantie, dass es so bleibt. Ebenso gut hätte ich im Rollstuhl landen können – oder noch Schlimmeres. Aber ich habe es geschafft.

Gott ist so gut!

Eine einzige Entscheidung kann ALLES verändern

von GREG J.

Ich besuche regelmäßig Seminare, um neue Ideen und Konzepte kennenzulernen, die mir helfen können, mich und mein Leben zu verbessern. Einer dieser Workshops dauerte mehrere Tage und fand in Santa Barbara, Kalifornien, statt, wo ich lebe. Ich besuchte den Kurs zusammen mit meiner Frau Rocky, insgesamt waren es ungefähr hundert Teilnehmer. Die Moderatoren teilten uns in Gruppen ein und führten uns durch eine Reihe von Fragestellungen und einige interessante Übungen.

Wir sind immer offen für neue Denkansätze, und sowohl Rocky als auch ich waren entschlossen, auf alle Aufgabenstellungen ohne Vorbehalte einzugehen. Obwohl ich einige der Übungen unnötig unangenehm fand, brachte ich mich immer zu hundert Prozent ein.

Am zweiten Abend des Workshops bestand unsere Hausaufgabe für den nächsten Seminartag darin, den Leerraum in diesem Satz auszufüllen:
»Das Leben ist _____.«

Ich fand das recht simpel, denn zu diesem Zeitpunkt meines Lebens zählte für mich einfach alles: Ich lebte jeden Tag meines Lebens zielstrebig, zupackend, gestaltend. Heute weiß ich, dass es nicht für alle Menschen die Regel ist, ihr Leben nach einem Ziel auszurichten. Aber damals war ich mir doch ziemlich sicher, dass meine Antwort auf diese Frage, was das Leben eigentlich ist, nicht zu weit entfernt von dem liegen konnte, was die meisten Menschen empfinden.

Der nächste Morgen kam, und weil ich daran glaube, dass ein anderer Platz im Klassenzimmer auch eine andere Perspektive bringt, suchte ich mir einen neuen Stuhl, irgendwo in der Mitte der letzten Reihe. Der Moderator bat all diejenigen, sich zu melden, die ihre Hausaufgabe erledigt hatten, und fast jeder im Raum hob die Hand. Er sagte: »Dann frage ich Sie hiermit also noch einmal: Das Leben ist – was? Ich möchte nun Ihre Antworten hören.«

Meine Hand ging hoch, etwa gleichzeitig mit zwanzig anderen, und der Moderator erteilte uns nacheinander das Wort.

»Schmerz!«, rief jemand.
»Enttäuschung!«, sagte eine junge Frau.

Dann deutete der Moderator auf mich.
Und ich rief: »Das Leben ist absolut spitze!«

Ich meinte es genau so – keineswegs hatte ich die Absicht, hier den Komiker zu spielen. Meine Antwort kam aus tiefstem Herzen und war total ehrlich gemeint.

Die Reaktion des Moderators darauf: »Zu allgemein.« Dann ging er weiter.

Eine Frau um die vierzig meinte: »Das Leben ist Leid.«

Ein Teenager murmelte: »Traurigkeit.«

Der nächste dann: »Leben ist Warten aufs Sterben.«

Moment mal – WAS? Kurze Pause bitte ... Leben bedeutet, aufs Sterben zu warten??? Wer waren die Leute hier im Raum eigentlich, fragte ich mich. Repräsentierten diese Menschen (die alle litten) womöglich die Empfindungen des Bevölkerungsdurchschnitts?

Ehrlich gesagt, war ich ziemlich betroffen. Ich war glücklich und dankbar, wie großartig mein Leben in all seinen Facetten verlief, und sah, dass so viele Menschen um mich herum dagegen traurig und unglücklich waren. Mir war nie zuvor bewusst gewesen, in welchem Leid die meisten leben.

Der Moderator sagte nun mit breitem Lächeln: »Nein, Sie liegen alle falsch. Die richtige Antwort lautet: Das Leben ist gefährlich!« Und dann, so als könnten wir ihn beim ersten Mal womöglich nicht gehört haben, sagte er es gleich noch einmal: »Das Leben ist gefährlich.« Er führte aus, dass wir alle ständig Angst hätten – Angst vor den Menschen, die neben uns sitzen oder vor oder hinter uns stehen. Bei der Arbeit. In der Schule. Angst vor den Menschen, denen wir auf der Straße über den Weg laufen. Angst vor Menschen, die wir nicht kennen, und die gibt es überall auf der Welt. Wir haben Angst vor ihnen, und sie haben Angst vor uns.

Aha. Aus irgendeinem kühnen Grund war das Wort »gefährlich« nicht zu allgemein, aber mein »spitze« ging natürlich gar nicht.

Zu diesem Zeitpunkt dachte ich für mich bereits: Das ist alles kompletter Unfug! Ich drehte mich zu der jungen Frau neben mir, die etwa Mitte zwanzig war, und sagte zu ihr: »Ich möchte Ihnen sagen, dass ich keine Angst vor Ihnen habe, und ich hoffe, Sie haben auch keine vor mir. Ich bin kein übler Typ, und diese Welt ist ein faszinierender und schöner Ort und nur selten gefährlich.« Lächelnd beteuerte sie, dass sie ganz bestimmt keine Angst vor mir hätte.

Was in diesem Seminar geschah, verdeutlicht eine der wichtigsten Lektionen, die ich über das Glück gelernt habe: Es ist nämlich genau so, wie man selbst es sich vorstellt!

Was auch immer deine Gedanken beherrscht – das bestimmt, wie du dein Leben lebst. Oder anders gesagt: Du erreichst das, worauf du dich über längere Phasen in deinem Leben intensiv fokussierst. Und das funktioniert immer, jedes Mal, im Guten wie im Schlechten, für jeden von uns.

Du sagst dir, das Leben ist gefährlich? Dann wirst du auch überall Gefahren sehen.

Du sagst, das Leben ist Leid? Dann wird es wahrscheinlich so kommen, dass du sogar in deinen besten Beziehungen insgeheim auf den Moment wartest, in dem alles ein tragisches, bitteres Ende nimmt. Statt das Gute zu spüren und zu schätzen, das dir bereits zuteilwurde.

Haben Sie schon mal jemanden gekannt, der ein »Opfer« war? So ein Mensch erwartet ständig, dass etwas Schlimmes geschieht, und zwar Tag für Tag. Das Pech scheint diese Menschen zu verfolgen, wo immer sie sind und was immer sie tun. Wenn man solchen Leuten zuhört, stellen sie sich eigentlich stets die gleichen Fragen: Warum passieren immer mir solche schlimmen Sachen? Was wird wohl als Nächstes für ein Unglück geschehen? Warum kann das Pech nicht ein einziges Mal an mir vorübergehen?«

Man bekommt, worauf man sich versteift, und man erhält auch die Antworten auf genau die Fragen, die man sich stellt. Was, glauben Sie, würde passieren, wenn ein »Opfer« sich die Fragen stellte, auf die es tatsächlich eine Antwort haben will? Wie zum Beispiel: »Wie KANN ich es denn schaffen? Was wäre, wenn alles perfekt liefe – wie würde das wohl aussehen und sich für mich anfühlen?«

Wer sich von den Gedanken an das Unglück, das ihn treffen wird, auffressen lässt, dem wird genau das immer und immer wieder geschehen: ein Unglück.

Wenn Sie eine Veränderung herbeiführen wollen, wenn Sie beeinflussen wollen, was Ihnen geschieht, beginnt es immer damit, Ihre Gedanken zu verändern. Und wenn Sie glücklich sein möchten, müssen Sie zuerst lernen, anders zu denken.

Fangen Sie an, so zu denken, wie glückliche Menschen denken!

It´s My Life!

von ROGER Z.

Ich bin gerade von der Arbeit nach Hause gekommen, springe noch schnell unter die Dusche und bin in Gedanken schon vorm Fernseher bei den Olympischen Spielen. Das ist wahrscheinlich nichts Besonderes, vermutlich ging es vielen Menschen in den Wochen von Rio ähnlich.

Doch es gibt etwas, das mich komplett unterscheidet von den meisten anderen: Eigentlich wollte und sollte ich selbst einmal dabei sein, mit den anderen Athleten den berühmten »olympischen Geist« erleben und spüren, wie das Adrenalin vor dem Startschuss durch den Körper jagt.

Ich war elf Jahre alt, als ich mich mit Haut und Haaren dem Triathlon verschrieb. Schon immer war der Sport das Wichtigste in meinem Leben, doch der Triathlon sollte für mich zu etwas Besonderem werden. Ich war mit Leidenschaft dabei, trainierte täglich, wollte immer noch besser und besser werden – und mir irgendwann den großen Traum von Olympia erfüllen. Als einer der Besten in meinem Jahrgang träumte ich bald nicht mehr nur von den Olympischen Spielen, denn die Chancen, tatsächlich daran teilnehmen zu können, standen wirklich gut.

Vor der Schule stand ich oft Stunden früher auf, um zu trainieren und meine Zeiten von Mal zu Mal zu verbessern. »Stolz wie Oskar« kehrte ich von vielen Meisterschaften mit einer Medaille heim. Ich durfte mich die ganzen Jahre immer der starken Unterstützung meiner Familie erfreuen. Alles war perfekt. Bis eine vermeintliche Nackenverspannung alles veränderte und mich vor meine bislang schwerste Aufgabe stellte.

Es war der Winter 2002, ich war sechzehn Jahre alt und hatte einen ganz normalen Trainingstag hinter mir. Ich legte mich früh schlafen, da auch am nächsten Morgen wieder Schulunterricht auf dem Programm stand. Als ich aufwachte, bemerkte ich diese schweren Verspannungen im Nacken und rief sofort den vereinsinternen Physiotherapeuten an, da ich vermutete, die Schmerzen kämen von muskulären Verspannungen. Nachdem mich der Physiotherapeut behandelt hatte, ließ ich den Schulunterricht ausfallen und legte mich wieder ins Bett.

Als ich mittags aufstehen wollte, hatte ich hohes Fieber und bemerkte erschrocken, dass die Haut am ganzen Körper gelb verfärbt war. Mein Hausarzt ließ mich sofort ins nächstgelegene Krankenhaus einweisen, doch auch dort erbrachte die Untersuchung keine befriedigende Diagnose. Meine Mutter erzählt mir noch heute, dass der Arzt damals zu ihr kam und kopfschüttelnd sagte, in seiner ganzen Praxis habe er noch nie so schlechte Blutwerte gesehen.

Als ich wieder nach Hause durfte, dauerte es genau einen Tag und eine Nacht, bis klar wurde, dass meine Symptome wohl doch schwerwiegender waren als anfangs gedacht. Mein Fieber stieg auf 41 Grad an, mein ganzer Körper verfärbte sich erneut und war nun auch von einer Art blauer Flecken übersät. Also wieder zurück ins Krankenhaus, doch dort wusste niemand so richtig, wo man noch hätte ansetzen können. Mehrere Ärzte wurden zu Rate gezogen, und erst als ich in der Nacht in einen komatösen Zustand fiel, entschloss sich mein behandelnder Arzt zu einer Punktion des Rückenmarks. Er stellte eine Hirnhautentzündung fest, die allerdings durch die verzögerte Behandlung meinen Körper schon stark angegriffen hatte. Ich wurde sogleich in ein künstliches Koma versetzt und habe von diesem Zeitpunkt an kaum mehr Erinnerungen ...

Meine Eltern befanden sich zu der Zeit natürlich in einer Art Ausnahmezustand. Sie saßen täglich an meinem Bett und hofften, dass sich mein Zustand endlich verbessern würde. Erschreckenderweise aber konnten über viele Tage hinweg bei mir keinerlei Reaktionen festgestellt werden. Es gab keine Veränderungen bei Blutdruck und Puls, und ich zeigte auch keinerlei Reflexe. Eine Schwester riet meinen Eltern schließlich, dass sie es einmal mit einer mir vertrauten Musik probieren sollten. So setzen sie sich an mein Bett und spielten ein Lied nach dem anderen ab, Songs, die mich in meinem bisherigen Leben begleitet hatten oder die ich einfach gern gehört hatte. Erst als sie »It's My Life« von Bon Jovi spielten, zeigte ich eine Reaktion: Mein Blutdruck und mein Puls schnellten plötzlich nach oben.

Diese Ereignisse kenne ich natürlich alle nur aus den Erzählungen meiner Eltern, die damals in großer Angst waren, ich würde möglicherweise nie wieder aufwachen. Das Erste, an das ich mich nach dem Erwachen aus dem Koma erinnern kann, werde ich wohl nie wieder vergessen: Es war der rote Pullover meines damaliger Trainers, den er trug, als er sich an mein Krankenbett setzte. Es ist schon eigenartig, dass einem in so einer dramatischen Situation ausgerechnet solche Banalitäten, wie etwa ein roter Pullover, in Erinnerung bleiben.

Danach lag ich noch viele weitere Wochen auf der Intensivstation, kämpfte immer wieder mit epileptischen Anfällen, und mein Leben drehte sich in erster Linie um die Einnahme von Medikamenten. Doch ich war besessen von einem einzigen Gedanken: Ich wollte schnellstmöglich zurückkehren zum Sport.

Keiner sagte mir zu diesem Zeitpunkt, dass ich den Level meiner Leistungsfähigkeit wohl nie wieder erreichen würde – und dass damit auch das Ziel Olympia in weite Ferne rückte.

Immer wieder versuchte ich, mich zurück und nach oben zu kämpfen. Ich trainierte täglich und musste feststellen, dass mich nach jeder Trainingseinheit Kopfschmerzen quälten. Ich war am Boden zerstört und zog doch aus jedem kleinen Erfolg einen Funken Hoffnung.

Ich quälte mich ein halbes Jahr ohne wirkliche Trainingsfortschritte, bis ich einsehen musste, dass es einfach nicht mehr ging. Meine Träume waren schlagartig zerstört, meine großen Ziele ausgelöscht. Im ersten Moment wusste ich gar nicht, wie es jetzt weitergehen sollte. Doch schon bald stand für mich fest, dass ich dem Sport verbunden bleiben würde, wenn auch in einer anderen Funktion.

Schon früh war mir klar, dass das Einzige, was neben dem aktiven Sport für mich in Frage kommen konnte, eine Ausbildung zum Physiotherapeuten war. Und hier setzte ich dann auch an. Das ist ein Schritt, auf den ich auch im Nachhinein durchaus stolz bin! War im ersten Moment durch die Erkrankung eine Welt für mich zusammengebrochen, so habe ich sie Stück für Stück wieder aufgebaut und nur wenige Teile davon verändert. Am Ende war sie dann auch wieder rund.

Heute habe ich meine eigene Praxis und arbeite mit einem tollen Team. Viele Sportler gehen bei mir ein und aus, und ich spüre, dass mit ihnen auch der olympische Wind hereinweht und mir signalisiert, noch immer ein Stück weit beteiligt zu sein und dazuzugehören.

Der Alptraum jedes Piloten

von ROCH R.

Mein Mann und ich sind stolze Besitzer eines sehr coolen Experimentalflugzeugs Marke Eigenbau!

Wir lieben es, mit unserer Maschine auf Tour zu gehen, fliegen zum Mittagessen in eine andere Stadt oder zu Besuchen bei der Familie oder bei Freunden. Nach einigem Überlegen und Planen beschlossen wir vor einiger Zeit, eine Exkursion mit Freunden zu unternehmen – aber da muss ich jetzt ein wenig ausholen.

Man Mann ist ein brillanter Kopf, und ich bin immer wieder verblüfft über seine vielseitigen Talente und seinen ständigen Drang, etwas Neues zu erfinden und zu konstruieren. Ist er nicht in der Firma bei der Arbeit, beschäftigt er sich mit seinen verschiedenen Hobbys. Wenn er nichts zu tun hat, dreht er durch!

Eine seiner fabelhaften Eigenkreationen ist das eingangs erwähnte Flugzeug. Ja, Sie haben richtig gelesen: ein echtes Flugzeug, das tatsächlich funktionstüchtig ist. Mein Mann hat ungefähr siebzehn Jahre lang daran gebastelt, weil er es nur hobbymäßig betrieb, er wollte sich nicht von diesem Projekt auffressen lassen und natürlich den größten Teil seiner

Freizeit mit seiner Familie verbringen. Also dauerte es eben seine Zeit, und langsam, aber sicher entstand das Flugzeug nach seinem Entwurf. Er kaufte den Motor und die Propeller, baute aber die komplette restliche Maschine nach eigenem Plan aus Schaum, Fiberglas, Draht, Schläuchen, Rohren – Sie können sich das vielleicht vorstellen. Es gab jede Menge Entscheidungen zu treffen, bis das fertige Flugzeug seinen Vorstellungen entsprach. Die wichtigste Entscheidung war, ein sogenanntes »E-Racer-Experimentalflugzeug« zu bauen, dabei handelt es sich um einen »Entenflügler«, bei dem sich der Motor hinten befindet.

Mein Mann hat im College einen Abschluss in Geologie gemacht, beschloss aber nach der Ölkrise in den späten 1980er Jahren, seine Begeisterung fürs Fliegen zum Beruf zu machen. Er ging zur Airforce und tat dort zwanzig Jahre Dienst, bevor er seinen Abschied nahm. Seit 2008 fliegt er für eine große Airline, und er ist ein exzellenter Pilot mit Tausenden von Flugstunden auf dem Buckel und großer Erfahrung mit allen möglichen Flugzeugtypen.

Immer wieder einmal gehen wir zu zweit mit seiner Eigenbaumaschine auf Tour, aber eigentlich schätzt er es mehr, allein unterwegs zu sein. Seine »E-Racer« hat sich schon viele Male bewährt.

Es war super, als wir auf eine Gruppe von anderen Eigenbauprofis stießen, die alle die gleiche Maschine haben wie wir. Die Leute fliegen jedes Jahr zusammen auf die Bahamas und machen dort eine Woche lang

Urlaub. Das fanden wir klasse und beschlossen spontan, uns der Gruppe anzuschließen. Wir wollten uns alle in Florida treffen, dort übernachten und am nächsten Tag gemeinsam in Richtung Bahamas aufbrechen.

Der Flug nach Florida war unkompliziert, und wir freuten uns schon sehr darauf, unsere neuen Flugkameraden zu treffen. Vor Abflug legte der mit der Organisation betraute Flieger die Reihenfolge fest, welche Flieger in welchen Gruppen starten und anschließend auch gemeinsam unterwegs sein sollten. Von sieben Flugzeugen sollten wir die Nummer vier in unserer Gruppe sein. Dann sollte ein Dreier-Team folgen. Nachdem die Details geklärt waren, starteten wir gemeinsam die Motoren und rollten mit unseren Maschinen hinaus zur Startbahn. Die drei Flieger vor uns hatten einen fabelhaften Start, dann waren wir an der Reihe. Wir waren startklar, gaben Gas und hoben schließlich ab. Alles ging wunderbar vonstatten, und wir nahmen Höhe auf, um zu den Maschinen vor uns aufzuschließen. Als wir eine Flughöhe von etwa fünfhundert Fuß erreicht hatten, fiel unser Motor aus! Ich verspürte ein leichtes Sinkgefühl und begann zu beten, während mein Mann rasch überprüfte, was die Ursache des Motorenausfalls sein könnte. Dann versuchte er die Maschine wieder zu starten und hielt gleichzeitig bereits Ausschau nach einer geeigneten Stelle, wo er die Maschine landen könnte. Natürlich möglichst in einem Stück ... Ich erinnere mich, wie er sich zu mir wandte und sagte: »Du solltest lieber weiter beten!«

Dieser Satz schockierte mich, und spätestens jetzt wurde mir klar, dass wir uns in einer wirklich kritischen Situation befanden, die böse enden konnte. Ich glaube nicht, dass ich viel an meine Familie, meine Freunde, meine letzten Wünsche, mein Testament oder etwas Ähnliches dachte – ich betete einfach! Ich betete, dass die Engel des Herrn ihre Flügel ausbreiten, uns auffangen und uns irgendwo sicher absetzen würden.

Mein Mann hatte bereits einen breiten Highway entdeckt, und da es ein Sonntagmorgen war, herrschte dort nicht viel Verkehr. Zurück zur Landebahn zu fliegen wäre natürlich die optimale Strategie gewesen, aber falls er es nicht schaffen sollte, zu wenden und zurückzufliegen, könnte er auf diesem Highway landen – falls es ihm nicht gelang, die Maschine wieder zu starten. Der Motor sprang zweimal kurz an, immer jeweils für ein paar Sekunden, starb jedoch jedes Mal wieder ab. Doch das genügte schon, um die Richtung zu wechseln und die Maschine zurück in Richtung Landebahn zu navigieren. Als wir bereits stark an Höhe verloren, konnte er gerade noch eine Notlandegenehmigung per Funk anfordern. Es befand sich bereits eine Maschine auf der Rollbahn, deren Pilot zum Glück mithörte, was bei uns los war, und in höchster Eile den Weg für unsere unplanmäßige Landung freimachte.

Ich kann mich noch dran erinnern, dass ich die Grasfläche am Ende der Landebahn immer schneller näherkommen sah, bis wir das Ende der Asphaltbahn erreichten und eine Bauchlandung mit der Maschine hinlegten. Wir trudelten noch eine Weile herum wie auf einem Karussell im Vergnügungspark, schossen vorwärts, drehten nach rechts ab, dann wieder nach links, bis der Flieger nach ein paar hundert Metern endlich zum Halten kam. Uns war klar, dass wir die Maschine so rasch wie möglich verlassen mussten, da sie explodieren konnte. Doch wir hatten Glück: Wir verließen die Maschine, und sie ging nicht in Flammen auf.

Gleich darauf telefonierten wir mit unseren Angehörigen, um sie über das traumatische Erlebnis zu informieren und jeden wissen zu lassen, dass es uns gutging. Ich drängte sogar meinen Mann, ein Foto von mir, auf der Tragfläche sitzend, zu schießen.

Wir hinterließen ein bisschen Lack und ein paar Fiberglaskratzer auf der Landebahn, aber da kein ernsthafter Schaden entstanden war, zogen wir unseren Flieger zur Seite und die FAA nahm ein Protokoll auf. Das zog sich über Stunden hin, doch schon während der Wartezeit beschlossen wir, unseren Ausflug trotzdem fortzusetzen und am nächsten Tag mit einer Linienmaschine auf die Bahamas zu fliegen. Wieso sollten wir unsere Ferienpläne auf einem Flugplatz in Florida begraben? Unsere neuen Freunde waren entzückt, als wir am nächsten Tag auf den Bahamas eintrafen, und begrüßten uns wie Familienmitglieder. Sie wollten kaum glauben, dass wir trotz des Vorfalls gekommen waren.

Natürlich mussten wir ihnen alle Einzelheiten über unseren Unfall erzählen, und sie boten sofort Hilfe bei

der Fehleranalyse an, schließlich waren sie alle Flug-
zeugkonstrukteure, und so etwas wie unsere böse Panne
konnte jedem von ihnen passieren. Wir verbrachten
eine großartige Zeit mit diesen liebenswerten Menschen und haben so manche Anekdote ausgetauscht.

Ich muss zugeben, dass einem während und nach
so einem Unglück vielerlei Dinge durch den Kopf
gehen. Unwillkürlich lässt man sein Leben und seine
Beziehungen Revue passieren. Mein Mann und ich
kamen zu dem Schluss, dass wir durch den Vorfall
eine positive Gelegenheit erhalten hatten, unser Leben
aus einer neuen Perspektive zu betrachten.

Wir wissen jetzt, dass wir jederzeit vorbereitet sein
sollten, vor unseren Schöpfer zu treten, denn niemand
kann wissen, wann es so weit sein wird. Mein Mann
und ich haben schon immer gern viel Zeit mit der
Familie verbracht, doch nun scheint uns das noch
kostbarer als zuvor. Wir achten darauf, unsere Beziehungen zu pflegen. Wir wissen, dass Vergebung die
beste und schönste Art ist, auf eine Kränkung zu
reagieren. Wir lachen gern und oft und lassen nahe-
stehende Menschen wissen, wie wichtig sie für uns
sind. Und wir sind uns bewusst, dass wir beten sollten, auch wenn das Leben nicht gerade vor unseren
Augen in Rauch aufzugehen scheint.

Nach diesem Urlaub auf den Bahamas flog mein
Mann zurück nach Florida und reparierte dort sein
Flugzeug, und jetzt ist es fast wieder wie neu. Da er es
konstruiert und gebaut hat, weiß er auch selbst am
besten, wie es wieder instandzusetzen ist. Er stellte fest,

dass ein Luftfilter schuld an der Flugpanne gewesen war, dieser war beschädigt und vom Verteilerrohr angesaugt worden. Mein Mann setzte dann einen neuen Luftfilter ein, und seither funktioniert unser Flugzeug perfekt. Es dauerte tatsächlich nur ein paar Tage, bis wir unseren Flieger wieder zu Hause bei uns im Hangar stehen hatten.

Und wir sind sogar noch einmal mit unseren neuen Flugkameraden auf die Bahamas geflogen!

Mein zweites Leben

von GERRY W.

Es war kurz nach meinem fünfzigsten Geburtstag. Ich saß entspannt im Garten, hatte ein Glas Bier in der Hand, hörte schöne Musik über den Kopfhörer und war rundum zufrieden mit meinem Leben. Wie gut es mir doch geht, dachte ich, alles ist so harmonisch. Seit über zwei Jahrzehnten bin ich als überaus erfolgreicher Außendienstmitarbeiter bei einem führenden Lebensmittelkonzern tätig. Ich bin verheiratet, habe zwei tolle Söhne und einen lieben Hund. Fußball ist die größte Leidenschaft meiner Jungs, und als Vater bin ich bei ihren Spielen immer dabei. Als Mentor und Coach versuche ich ihnen mit Rat und Tat zur Seite zu stehen.

Alles war geregelt: der Alltag und die Freizeit – bis zu jenem Tag, an dem sich mein Leben von Grund auf verändern sollte.

Der Chef der Firma bat mich, meine übliche Verkaufstour zu unterbrechen und einen wichtigen Großkunden aufzusuchen. Dieser Kunde habe höchste Priorität, was bedeutete, dass ich einen anderen Kunden zurückstellen musste.

Beim Betreten der Verkaufsräume dieses Großkunden wurden auf einmal meine Arme taub, und ich verspürte einen starken Druck auf der Brust. Instinktiv steuerte ich die Toilette an, die aber wegen

Reinigungsarbeiten vorübergehend geschlossen war. Dann rief ich meine Frau an, die mir dringend riet, sofort am Informationsschalter einen Arzt rufen zu lassen. Dieser Schalter befand sich im Erdgeschoss, und ich war schon ganz weiß im Gesicht! Als ich vor der Toilette zu Boden ging, liefen Menschen an mir vorüber, aber niemand sprach mich an oder versuchte zu helfen. Die dachten wohl: Da liegt ein Penner.

Meine Frau hatte in der Zwischenzeit telefonisch meinen Chef informiert, und der fuhr umgehend nach dem Anruf vom Büro los, um bei dem Großkunden nach mir zu sehen, er war in sage und schreibe dreißig Minuten vor Ort. Inzwischen hatten mir Mitarbeiter aufgeholfen, mich in einen Nebenraum gebracht und mir etwas zu trinken besorgt. Die Dame am Informationsdesk hatte sofort einen Sanitäter gerufen, der binnen zehn Minuten vor Ort war und von unterwegs schon den Notarzt alarmiert hatte. Dieser erschien fast gleichzeitig mit dem Sanitäter und kümmerte sich um mich. Nach weiteren zehn Minuten brachte mich der Notarztwagen mit Blaulicht in die nächste Klinik. Ich hatte Atemnot, Beklemmungen und Panik – mit einem Wort: Todesangst.

Noch aus dem Notarztwagen wurde meine Frau informiert, die schon außer sich vor Sorge war. Sie arbeitet in einem Kindergarten und kocht jeden Tag für hundert Kinder. Man wollte ihr zuerst gar nicht freigeben, denn das Essen für die Kinder musste ja fertig werden. Doch schließlich blieb ihnen nichts anderes übrig, als sie doch gehen lassen, nachdem sie der Kindergartenleitung nachdrücklich den Ernst meiner Situation dargestellt hatte.

Der schwere Herzinfarkt, die anschließende Operation, bei der mir ein Stent gesetzt wurde, und die Tatsache, dass es nur zehn Minuten waren, die bei mir über Leben und Tod entschieden hatten, hat mein »neues« Leben auf eine ganz andere Bewusstseinsebene gestellt. Der Arzt sagte mir später, wenn es nur einige wenige Minuten länger gedauert hätte, bis ich notärztlich betreut wurde, dann wäre es vorbei gewesen mit meinem Leben, da die Hinterwand des Herzens bereits nicht mehr mit Blut versorgt wurde.

Im Krankenhaus bekam ich recht viel Besuch, und mir wurde klar, wer im Leben tatsächlich zu mir steht. Der 36-jährige Chef meiner Firma sagte mir von Anfang an jede Unterstützung zu. Da erinnerte ich mich, dass der Lagerist eines Kunden etwa zwei Wochen zuvor einen Herzinfarkt erlitten hatte und starb, weil er ganz allein zu Hause war.

Da hatte es das Leben noch einmal gut mit mir gemeint, und in der Klinik hatte ich genügend Zeit, über die wirklich wichtigen Dinge im Leben nachzudenken. Schon klar, ich trieb kaum Sport, und auch mein hoher Blutdruck war der Gesundheit nicht gerade zuträglich, aber immerhin war ich nicht übergewichtig.

Ich beschloss noch im Krankenhaus, dass mein weiteres Leben anders aussehen musste. Nachdem ich gute Fortschritte machte, durfte ich sofort nach der Entlassung aus der Klinik für drei Wochen in die Reha. Trotz der vielen täglichen Anwendungen blieb genug freie Zeit zum Nachdenken, dabei wurde die Sinnfrage des Lebens für mich immer zentraler.

Wie sollte mein neues Leben aussehen?
Was musste ich ändern?
Was war wirklich wichtig?
Gab es so etwas wie einen Neuanfang?
Wer stand tatsächlich zu mir?
Worin lag der Sinn dieses Zusammenbruchs?

Sechs Wochen nach dem Infarkt hatte ich dann meinen ersten Arbeitstag. Mein Chef sagte zu mir: Wünsch dir was!

Und mein Wunsch war, weniger zu arbeiten und mich mehr um die Key-Account-Kunden zu kümmern. Mein Chef war erleichtert, dass ich meine Situation so gut einschätzen konnte, und erfüllte mir diesen Wunsch.

Kurz darauf holte ich einen Hund aus einer Tötungsstation in Ungarn zu uns. Er hätte nur noch eine Woche zu leben gehabt. Schon immer hatte ich mir einen eigenen Hund gewünscht, und nun wollte ich diesem Tier ebenfalls ein neues Leben schenken – aus Dankbarkeit für meine zweite Chance.

Was habe ich aus all dem gelernt? Heute lebe ich bewusster, fahre viel mit dem Fahrrad und gehe ins Fitness-Studio. Ich fühle mich wohler, gesünder, arbeite weniger und genieße mein neues Leben.

Meine Botschaft lautet: Das Wichtigste ist, auf sich selbst zu achten. Denn nur dann hat man die Kraft, auch anderen zu helfen!

Diese eine Chance bekommt man nur einmal geboten ...

von ROMY K.

Als man mich bat, eine Geschichte zu diesem Buch beizutragen und von einem besonderen Moment zu berichten, der mein Leben veränderte, grübelte ich zunächst über etwas Abenteuerliches, Gefährliches oder ein dramatisches Ereignis in meinem Leben nach. Doch dann beschloss ich, hier von einer Entscheidung zu erzählen, die mein Leben auf den Kopf stellte. Einer Entscheidung, die ich nur treffen konnte, weil ich über innere Stärke und Neugier verfügte – und weil es in meinem Leben Menschen gibt, die mich lieben. Daher widme ich diese Geschichte meinem Bruder B., ohne den ich heute nicht die Frau wäre, die ich bin.

Mit vierundzwanzig arbeitete ich als Junior-Handelsvertreterin für eine Firma, die kurz vor dem Konkurs stand. Man versetzte mich in eine Stadt, die weit entfernt war von meinem Zuhause, meiner Familie und meinen Freunden, und teilte mir ein Vertretergebiet zu, in dem ich keinen einzigen Kunden kannte. Besonders schlimm war, dass ich zu der Zeit unter

Liebeskummer litt. Und es gab im neuen Job nur einen weiteren Kollegen, der aber einen Bandscheibenvorfall hatte und nicht mehr zur Arbeit erschien. Es war wahrlich nicht die beste Zeit meines Lebens.

Ich musste beruflich viel reisen und meine Kunden besuchen – stellen Sie sich das in etwa so vor wie in dem Drama »Tod eines Handlungsreisenden«. An einem Abend im Oktober landete ich dann in einem Hotel, das eher wie ein Sanatorium wirkte als wie ein behaglicher Ort für eine Übernachtung. Ich war völlig verzweifelt und einsam, und mir war, als müsste ich in diesem Hotelzimmer ersticken. Als ich dann auf dem Balkon stand und auf die dunkle Nordsee hinausstarrte, beschloss ich von einem Moment auf den anderen, meinen Job hinzuschmeißen und meinen inneren Frieden wiederzufinden. Was ich am nächsten Tag auch in die Tat umsetzte.

Ich bewarb mich danach für ein Praktikum in einer Firma in Hongkong, die dem Vater eines ehemaligen Studienkollegen gehörte, denn ich war gierig auf ein Abenteuer. Den Job bekam ich tatsächlich, vier Monate später saß in einem Flugzeug Richtung Hongkong. Eine neue Welt stand mir offen! Ich bewohnte ein winzig kleines Apartment im chinesischsten Viertel der Stadt, wo ich mit Sicherheit die einzige 24-jährige Europäerin war. Das war zwar bei weitem nicht das geschäftige, schillernde Hongkong, das ich erwartet hatte, sondern fast schon Festland-China, und das Taxi ins Zentrum von Hongkong kostete mich jedes Mal fünfzig Dollar, aber ich war einfach rundum glücklich.

Nach drei Monaten Praktikum bot mir der Chef der Firma einen unbefristeten Job als Manager für die Warenwirtschaft an. Ich fühlte mich geehrt und war glücklich, aber natürlich war dieses Angebot auch ein kleiner Schock, und ich fühlte mich außerstande, sofort zuzusagen. Mir war zwar klar, dass ich die erstaunlichste Zeit meines Lebens in Hongkong verbracht hatte, ich hatte Freunde gefunden, war jeden Abend ausgegangen, hatte ungeheuer viel gelernt und führte endlich das Leben einer erfolgreichen jungen Frau, wie ich es mir vorstellte.

Meine Aufgabe für diesen Abend bestand also darin, herauszufinden, ob ich auf Dauer allein im Ausland leben, Karriere im Job machen und Verantwortung tragen wollte. Ich hatte nur diese eine Nacht, um eine Entscheidung zu treffen, denn mein Chef erwartete meine Antwort schon am nächsten Tag.

Später telefonierte ich mit meinen Eltern, die mich ermutigten, dieses Jobangebot anzunehmen – einerseits. Andererseits konnte ich die Sorge meiner Mutter fast durchs Telefon wahrnehmen, sie war spürbar unglücklich bei dem Gedanken, ihre Tochter loszulassen, die so weit entfernt von ihr leben würde. Ich beendete das Telefongespräch, saß auf meinem Bett und heulte, ich war total verzweifelt. Da klingelte das Telefon erneut.

Mein Bruder B. war am Apparat, er ist sechzehn Jahre älter als ich und meinte: »Ich sag dir jetzt mal was, kleine Schwester. Wenn du dieses Jobangebot und diese einmalige Chance nicht wahrnimmst und es wagst, nach Deutschland zurückzukommen, setze ich dich postwendend wieder ins Flugzeug zurück nach Hongkong.« Zack! Genau das hatte ich gebraucht, er hatte natürlich völlig recht, und er hatte nicht den leisesten Zweifel daran, dass ich stark, klug und mutig genug wäre, diese Chance zu ergreifen und in China zu leben. Plötzlich schien alles sonnenklar, so als hätte es überhaupt nie eine Frage gegeben. Natürlich würde ich in Hongkong bleiben! Am nächsten Tag marschierte ich zu meinem Chef ins Büro und sagte zu.

Mein neuer Titel lautete »Manager Warenwirtschaft«, und ich war die nächsten zwei Jahre die Vorgesetzte von neun Mitarbeitern. Durch die weltweite Finanzkrise im Jahr 2008 und die Einführung eines neuen Warenwirtschaftssystems in der Firma änderte sich vieles zum Schlechteren. Ich arbeitete sechzehn Stunden am Tag, schlief jeden Morgen in der U-Bahn ein und litt unter einem cholerischen Boss. Im Rückblick muss ich sagen, dass ich in meinem gesamten Berufsleben nie so eine harte Zeit erlebt habe, aber danach konnte mich praktisch nichts mehr umwerfen.

Doch die Zeiten wurden nach einer Weile wieder besser, die Firma erholte sich, und es kehrte wieder eine Alltagsroutine ein. Ich wurde zur persönlichen Assistentin eines meiner Vorgesetzten befördert, und es stellte sich so etwas wie eine normale Work-Life-Balance bei mir ein.

Die nächste Herausforderung bestand darin, ein größeres Apartment für mich zu finden. In der

örtlichen Tageszeitung sah ich mir laufend Wohnungs-
angebote an und ging auf Besichtigungstouren. Es
wurde ein echt chinesisches Erlebnis: Ich sah Häuser,
wo man mich zusammen mit einer anderen Familie
auf 25 Quadratmetern unterbringen wollte, Wohnun-
gen, in denen es keine Toilette gab, oder Gebäude, vor
denen so viele dunkle Gestalten herumlungerten,
dass der Doorman jeden, der ins Haus wollte, aufhalten und nach seinem Ausweis fragen musste. Es
war eine verheerende Wohnungssuche.

Eines Tages hatte es auf meiner Besichtigungsrunde
grausame 35 Grad Hitze in Hongkong, ich hatte nur
mehr eine Wohnungsadresse auf dem Zettel, und
eigentlich hatte ich schon alle Hoffnung aufgegeben.
Und da war sie dann: die wahrscheinlich schönste
winzige Wohnung, die ich je gesehen hatte, so voller
entzückender Details, dass sie von der ersten Sekunde
an mir »gehörte«. Ich hatte Glück und bekam die
Zusage, dann rief ich meine Mutter an, um ihr davon
zu erzählen, und heulte während des Telefonats vor
lauter Glück.

Die Gefühle, die ich in meiner Hongkonger Zeit hatte,
waren wohl die wechselhaftesten und intensivsten,
aber Hongkong war das alles wert. Hongkong war die
wichtigste Erfahrung meines Lebens, und ich bin so
dankbar dafür, dass mein Bruder mich in jener Nacht
anrief und mir den Kopf zurechtrückte. Ich habe es
nie auch nur eine Sekunde lang bereut.

Manchmal braucht man so einen Menschen, der
die richtigen Worte findet und dich auffängt oder die

richtigen Knöpfe drückt, um dich in Bewegung zu setzen. In diesem Fall war es mein Bruder, der an mich glaubte, mir Unterstützung und Liebe zuteilwerden ließ und mir vermittelte, dass er stocksauer wäre, wenn seine kleine Schwester eine solche einmalige Chance vorüberziehen lassen sollte. Es war nicht das einzige Mal, dass er mir half, etwas zu erkennen, was sich als richtig erwies.

Vor einigen Woche nun hatte ich endlich die Möglichkeit, mich zu revanchieren und meinem Bruder bei einer Entscheidung unter die Arme zu greifen, die hoffentlich sein Leben verändern wird. Mein Bruder ist mit neunundvierzig arbeitslos geworden, er hat eine siebenjährige Tochter, um die er sich kümmern muss, und er lebt derzeit im Haus unserer Eltern. Er war viele Jahre lang ungeheuer erfolgreich und hatte Jobs in den renommiertesten Werbeagenturen, aber irgendwie fehlte immer die Liebe zu der Arbeit, die er da machte. Die geradezu logische Konsequenz war dann, dass er müde wurde, ausbrannte und die Anforderungen seiner Branche nicht mehr erfüllen konnte. Er gab einen Job nach dem anderen auf, suchte sich dann immer wieder einen neuen – bis er endlich einsah, dass ein Jobwechsel nicht die Lösung seines Problems war. Der Arbeitslose B. kämpfte mit sich, um herauszufinden, was er wollte, und verlor dabei wertvolle Zeit.

Immer schon war er von Autos fasziniert gewesen, er liebte Werkstätten und den Geruch von Motoröl. Er hätte schon als kleiner Junge davon geträumt,

Automechaniker zu werden, vertraute er mir einmal an. Ich fand, jetzt wäre es an mir, an diesem Punkt im Leben meines Bruders einzugreifen. Also schlug ich ihm vor, sich um ein Praktikum in einer Autowerkstatt in der Nachbarschaft zu bemühen, um herauszufinden, ob sein alter Traum noch Gültigkeit hat – und um für alle Fälle einen Fuß in die Tür zu stellen.

Der langen Rede kurzer Sinn: Vor drei Wochen hat B. tatsächlich als Praktikant in der Autowerkstatt angefangen – und es gefällt ihm! Der Job ist härter, als er erwartet hatte, aber für ihn auch eine viel positivere Herausforderung als das Entwerfen von Werbeanzeigen.

Nun hat er seinen ersten Schritt in Richtung einer neuen Zukunft getan – so wie ich vor acht Jahren in Hongkong.

Letztlich spielt es keine Rolle, was wir tun, um unseren Lebensunterhalt zu verdienen, oder welche Entscheidungen wir im Einzelfall treffen. Aber was wirklich eine Rolle spielt, ist der Mensch, den wir an unserer Seite haben.

Schlusswort

von ULRICH KELLERER

Liebe Leser,

wir sind nun bei der letzten Geschichte in diesem Band angelangt – und die ist überhaupt der Grund, warum dieses Buch unbedingt entstehen sollte! Denn ein weiterer entscheidender Moment sollte mein Leben noch einmal auf den Kopf stellen und eine tiefgreifende Verwandlung herbeiführen.

Im Sommer 2013 stürzte meine Mutter in ihrer Wohnung und musste anschließend mit dem Krankenwagen in die Klinik gebracht werden. Man informierte mich telefonisch, und ich machte mich sofort auf den Weg in die Notaufnahme. Da ich etwa siebzig Kilometer von meiner Mutter entfernt wohne, brauchte ich gut eine Stunde, bis ich endlich mit den Ärzten sprechen konnte.

Der Professor in der Klinik erklärte, dass eine Notoperation am Rückgrat dringend erforderlich sei. Er zeichnete auf, wo er Knochen und Wirbel durchtrennen müsste. Für uns als Laien nicht leicht zu verstehen, dennoch willigten wir ein. Leider eine tragische Fehlentscheidung, wie sich später herausstellte.

Die Operation missglückte, und meine Mutter war danach hüftabwärts gelähmt! Die Ärzte versicherten jedoch, dass man mit weiteren Operationen versuchen werde, alles medizinisch Mögliche zu unternehmen, um meiner Mutter ihre Beweglichkeit zurückzugeben.

Jeden zweiten Tag fuhr ich zu ihr in die Klinik. Mal mit dem Auto, mal mit dem Zug. Es folgten weitere Operationen, immer unter Vollnarkose. Zu allem Übel infizierte sie sich auch noch mit einem Krankenhauskeim, und so musste man sich bei Besuchen vollkommen vermummen und durfte nur im Ganzkörperanzug mit Mundschutz zu ihr.

Nach insgesamt sieben erfolglosen Operationen stellten die Ärzte fest, dass die meiner Mutter zu Anfang eingesetzte Stützvorrichtung der Wirbelsäule, die der Stabilisierung dienen sollte, mit einem Keim behaftet war. Das Gestell wurde daraufhin entfernt, doch es blieb ein Loch im Rücken zurück, das nicht heilen wollte.

Nach der achten Operation suchte ich dann wieder das Gespräch mit dem zuständigen Professor. Auf meine Frage, ob es denn wirklich angezeigt sei, einen 85-jährigen Menschen so vielen Operationen zu unterziehen, teilte er mir mit, dass eben alles medizinisch Machbare versucht werde, um meiner Mutter Erleichterung zu verschaffen. Als ich dann weiterfragte, ob nicht eher die Tatsache, dass es sich bei besagter Klinik um ein Lehrkrankenhaus handelte und jeder der jungen Ärzte mal etwas »üben« dürfe, für die hohe Anzahl der Operationen verantwortlich sein könnte, ging er gar nicht mehr darauf ein.

Es folgte die Verlegung in eine Reha-Klinik. Hier wurden bei meiner Mutter noch zwei weitere Operationen durchgeführt, um die Schmerzen erträglicher zu machen. Doch letztlich führte die Reha zu nichts, so blieb nur die Suche nach einem guten Pflegeheim.

Und wir hatten Glück! Das modernste Pflegeheim Münchens lag gegenüber von meinem Arbeitsplatz, es gab sogar ein freies Bett in einem Zweibettzimmer.

Meine Mutter sah ein, dass die ständigen Fahrten zur Klinik für mich sehr belastend waren, und das Pflegeheim hatte den großen Vorteil, dass ich sie dort täglich besuchen konnte. Anfangs behielten wir sogar noch ihre Wohnung, da sie die Hoffnung nicht aufgeben wollte, doch noch einmal nach Hause zurückkehren zu können.

Schon nach kurzer Zeit im Heim drängte meine Mutter unablässig auf eine Unterbringung in einem Einzelzimmer, da ihre Zimmernachbarin sehr anstrengend war. Die Wartezeit für ein Einzelzimmer beträgt normalerweise bis zu zwei Jahre, also musste ich mir etwas einfallen lassen.

Meine Mutter brauchte »Pluspunkte«, beschloss ich und stellte mich kurz entschlossen dem Pflegeheim als ehrenamtlicher Mitarbeiter zur Verfügung. Das bedeutete, dass wir – denn ich wurde stets vorbehaltlos unterstützt von meiner Frau – bei sämtlichen Feiern, wie zum Beispiel dem Frühlingsfest, an Fasching, beim Sommerfest, beim heimeigenen Oktoberfest und bei der Weihnachtsfeier den Service übernahmen und über zweihundert Bewohner mit Essen und Getränken versorgten sowie die Tische schön dekorierten. Wir holten darüber hinaus auch die Rollstuhlfahrer aus ihren Zimmern ab, damit sie ebenfalls an den Veranstaltungen des Pflegeheims teilnehmen konnten.

Meiner Mutter allerdings war meine neue Tätigkeit gar nicht recht. »Du bist Manager und Unternehmer, du musst hier doch nicht Kaffee servieren und zerbrochenes Glas zusammenkehren!«, meinte sie empört.

Aber hinter meinem ehrenamtlichen Einsatz stand der ganz eigennützige Gedanke, meiner Mutter dadurch womöglich schneller zu einem Einzelzimmer zu verhelfen. Dies konnte ich ihr jedoch nicht sagen. Ich schlug also der Heimleitung vor, einmal wöchentlich abends ins Heim zu kommen und den Bewohnern eine Stunde lang vorzulesen. Dies kam auch mir sehr entgegen: Erstens lese ich für mein Leben gern, und dieses Publikum hatte den großen Vorteil, dass es mir nicht davonlaufen konnte, da die meisten nicht mobil waren ... Keine Sorge, nur ein Scherz!

Auf jeden Fall konnte ich hier ganz gut ausprobieren, wie ich bei Zuhörern ankam, und ob es mir gelingen würde, Menschen positiv zu unterhalten. Es war der erste Schritt auf dem Weg zu meinem großen Lebenstraum, selbst Bücher zu schreiben und vor Publikum zu sprechen.

Die Heimleitung bot mir den Montagabend um 19 Uhr an – also nach dem Abendessen der Heimbewohner –, das Vorlesen sollte die letzte Unterhaltung sein, bevor sie auf ihre Zimmer und ins Bett gebracht wurden.

Meine erste Vorlesestunde war furchtbar. Wie sollte ich auch wissen, wie lange eine Stunde Lesen überhaupt sein kann? Wie umfangreich eine Geschichte sein darf, damit sie die Aufmerksamkeitsspanne der Heimbewohner nicht überfordert? Wer würde teilnehmen? Wie anspruchsvoll durfte die Lektüre sein?

Meine Mutter war skeptisch und natürlich mein größter Kritiker: »Sprich lauter! – Spricht deutlicher! – Mach mal eine Pause! – Nimm einen Schluck Wasser!« Diese und andere Ermahnungen musste ich mir von ihr anhören. Die anderen Heimbewohner sahen sie nur erstaunt an, denn sie wussten zunächst nicht, dass es sich um meine Mutter handelte. Mein Ehrgeiz war jedoch geweckt, und ich arbeitete an mir, an meiner Stimmlage, meiner Atemtechnik und meiner Aussprache.

Damit hatte ich nun mit meiner Literaturgruppe einen festen Tag und einen festen Treffpunkt im Erdgeschoss des Heims, im Bereich des Kaffees im Foyer, wo wir uns montags immer trafen. Die Zahl meiner Zuhörer wuchs von Woche zu Woche, und meine Mutter wurde allmählich immer eifersüchtiger. Einmal sagte sie schnippisch: »Heute komme ich nicht zum Vorlesen, da ich schon geduscht bin!« Dieses Argument verstand ich nicht, aber es war schließlich ihre Entscheidung.

Als meine Mutter in eine höhere Pflegestufe eingeteilt wurde und ich sie wissen ließ, welche Kosten für die Unterbringung im Heim, den Erhalt ihrer Wohnung und anderes entstanden, meinte sie, ich solle mir doch, statt im Heim vorzulesen, besser wieder eine Arbeit suchen.

Meine Tätigkeit im Vertrieb für ein bekanntes Modelabel hatte ich wegen der familiären Situation fast komplett eingestellt, und die Firma hatte einen jungen Mann als meinen Nachfolger benannt. Nur dank der Unterstützung meiner Frau, die mit mir zusammen Inhaber der Firma ist, und wegen ihres neunzigprozentigen Einsatzes allein für den Vertrieb der Damenkollektion, war meine Berufspause überhaupt möglich.

Ich begann nun, verschiedene Seminare in den USA zu besuchen, und war drauf und dran, meinen Jugendtraum zu verwirklichen und ein Buch zu schreiben. Mein Umfeld konnte nicht verstehen, warum ich meine profilierte Berufstätigkeit aufgab, »nur« um zu schreiben. Ich war überdies entschlossen, mich auf dem härtesten Markt der Welt zu versuchen, wollte Bücher auf Englisch schreiben und in den USA veröffentlichen.

Auf einem der Seminare traf ich den Bestsellerautor Jack Canfield, der mir riet, eine Buchserie zu schreiben, so wie auch er es getan hatte (»Chicken Soup for the Soul«, dt. »Hühnersuppe für die Seele«). Von ihm erhielt ich wertvolle Ratschläge, und mein erstes Buch »It's all about Fashion« sollte kurz darauf entstehen.

Meine Abende verbrachte ich dann bei Webinaren und in Teleseminaren mit den USA. Mein »zweites«

Leben motivierte mich über die Maßen, meine Begeisterung und Motivation waren enorm. Endlich ein neues Projekt – mit der vollen Unterstützung meiner Frau. Meine Mutter war – wie üblich – skeptisch und wollte nicht daran glauben, dass mein Buch je fertig würde. Tatsächlich hatte ich über Wochen Schreibblockaden. Mindestens neunzig Prozent meines Buches habe ich auf Langstreckenflügen in die USA verfasst, denn im Flieger konnte ich nicht schlafen, und Filme wollte ich nicht sehen. Also wurde geschrieben.

Dann endlich, nach fünf Monaten im Heim, bekam meine Mutter ihr ersehntes Einzelzimmer. Sie begriff nun, dass eine Rückkehr in ihre eigenen vier Wände nicht mehr möglich war, und willigte ein, die Wohnung zu kündigen. Die Wohnungsauflösung haben meine Frau und ich für sie gemacht; es war bitter, dass sie ihr Zuhause nie wieder sah.

Der Zustand, gelähmt zu sein und im Rollstuhl zu sitzen, machte ihr nicht so sehr zu schaffen. Allerdings war der Umstand, dass sie ihre Tage mit Demenzkranken und körperlich behinderten Menschen verbringen musste, für meine Mutter unerträglich. Da war vieles »unter ihrem Niveau«, und sie haderte sehr mit diesem Aspekt des Heimlebens. Nach nur zehn Tagen im Einzelzimmer stürzte sie erneut, weil sie allein zur Toilette wollte, und fiel dabei auf den Hinterkopf. Sie lag wohl einige Zeit bewusstlos auf dem Boden, bis man sie fand und in die Klinik brachte. Zum Glück zeigten die Röntgenaufnahmen keine inneren Verletzungen.

Meine Mutter durfte die Klinik wieder verlassen und kehrte ins Heim zurück, war aber schwer angeschlagen. Am 16. Juli, dem Geburtstag meines verstorbenen Bruders, besuchte ich sie zum letzten Mal. Zum Abschied sagte sie mir: »Ich kann nicht mehr.«

Am darauffolgenden Tag um sieben Uhr morgens starb sie in ihrem Bett. Die diensthabende Betreuerin rief mich an, und dann nahmen meine Frau und ich von ihr Abschied, zusammen mit dem Pfarrer und den Pflegern und Schwestern. Wir entzündeten eine Kerze in ihrem Zimmer und beteten für sie.

Damit war der nächste Mensch aus meiner Familie verstorben, und ich war der letzte Überlebende von fünf Familienmitgliedern.

Das gab mir sehr zu denken und führte dazu, dass ich mich noch stärker mit der Frage beschäftigte, warum ausgerechnet ich noch hier war. Welche Aufgabe hatte ich auf dieser Welt noch zu erfüllen?

In der Woche der Beerdigung konnte ich verständlicherweise nicht im Heim vorlesen. Die Woche darauf stellte ich ein Foto meiner Mutter auf und widmete ihr die Vorlesestunde.

Die Heimleitung war überzeugt, dass meine »Mission« nun erfüllt wäre: Einzelzimmer erhalten, Mutter verstorben. Da gab es doch keinen Grund mehr, auch weiterhin jede Woche zu lesen ... Oder doch?

Zu diesem Zeitpunkt hatte meine Verwandlung schon längst eingesetzt. Es wäre mir unmöglich

gewesen, die Menschen in meiner Lesegruppe zu ent-
täuschen, die teilweise dreißig Minuten vor Beginn
schon auf mich warteten. Jeder und jede Einzelne
waren mir so ans Herz gewachsen, dass ich es niemals über mich gebracht hätte, einfach aufzuhören.
Es löste durchaus gemischte Gefühle in mir aus, wenn
ich montags ins Heim hinüberging, und der tägliche
Blick auf das Zimmerfenster meiner Mutter macht
mich bis heute traurig.

Als im November dann für alle in jenem Jahr
verstorbenen Bewohner eine Messe in der Kapelle
gelesen und für jeden Verstorbenen eine Kerze entzündet wurde, war es wie ein Schock für mich: einundfünfzig verstorbene Bewohner in zweiundfünfzig
Wochen. Praktisch jede Woche starb jemand im Heim.
Jetzt fiel mir auch auf, dass ich in den sechs Monaten
des Vorlesens bereits vier Zuhörer verloren hatte.

Aber: Seit gut einem Jahr ist kein weiterer Teilnehmer meiner Lesegruppe mehr verstorben! Es ist
wie ein Wunder. Und die älteste Zuhörerin in meiner
Gruppe ist heute 107 Jahre alt!

Es gibt mittlerweile auch eine feste Sitzordnung,
und wir alle miteinander freuen uns die ganze Woche
auf diese Stunde. Die Damen, die zum Vorlesen
kommen, machen sich hübsch zurecht, es wird viel
gelacht, und jeder redet mit jedem.

Diese eine Stunde in der Woche ist ein fester Termin
für alle. Und jedes Mal, wenn ich an einem Montag

verhindert bin – was ganz selten vorkommt –, versprechen mir »meine« alten Menschen, auf jeden Fall am folgenden Montag noch da zu sein.

Es ist mit Worten nicht auszudrücken, was es für mich bedeutet, wenn ein Mensch sich mit Mühe aus dem Rollstuhl erhebt, mir die Hand gibt und sich persönlich für diese Vorlesestunde bedankt. Hier im Heim habe ich Respekt und Demut gelernt. Und nun weiß ich auch alles andere richtig einzuschätzen.

Diese eine Stunde in der Woche hat mein Leben verändert. Sechsunddreißig Jahre lang habe ich versucht, die Menschen mit Mode besser aussehen zu lassen. Nun möchte ich mein Bestes geben, dass sie sich gut fühlen.

Jeder kann und sollte etwas tun, damit wir das sind, was uns ausmacht. Menschlich sein!

Es ist Zeit, etwas zurückzugeben, wenn man selbst so viel bekommen hat. Mir liegt viel daran, andere Menschen zu motivieren und einen Beitrag zu leisten, damit das Miteinander auf diesem Planeten Erde lebenswert bleibt.

Für mich steht fest: Ein einziger Moment kann das ganze Leben verändern. Und wer es noch nicht erlebt hat, der hat es noch vor sich.

In diesem Sinne: WERDE DER, DER DU BIST!

DANKSAGUNG

Allen voran möchte ich meiner Frau Inge meinen tiefen Dank aussprechen. Sie hat mich – nicht nur bei diesem Buchprojekt – von der ersten Minute an mit Rat und Tat und ihrer großen Liebe unterstützt.

Meiner Autorenberaterin und Lektorin Silvia Kuttny-Walser gilt mein besonderer Dank. Sie ist die Seele des Projekts und hat in Rekordzeit all die Dinge gemanagt, die nötig waren, um diesem Buch Gestalt zu verleihen und es fertigzustellen.

Dank an die Network! Werbeagentur, insbesondere auch an Thilo Endemann für die Erstellung und Betreuung meiner Webseite: www.ulrich-kellerer.com

Meinem Mentor Josef Schaaf ein herzliches Dankeschön. Er hat mir mehr als freundschaftlich den Weg in die Bücherwelt geebnet.

Vielen Dank an Christa Beiling, die als Vertriebs- und Marketingspezialistin tatkräftig dafür gesorgt hat, dass mein Buch hier und in Übersee seinen Weg zu den Lesern findet.

Innigen Dank auch an meinen amerikanischen Mentor Jack Canfield, der mir die besten Empfehlungen gegeben hat und mir stets eine Inspiration ist.

Insbesondere gilt all jenen Menschen mein tief empfundener Dank, die mir ihr Vertrauen geschenkt und mit ihren persönlichen Geschichten dieses Buch zu dem gemacht haben, was es ist.

Liebe Leser,

*Sie alle haben einen Moment erlebt, der Ihr Leben
positiv oder negativ verändert hat. Wenn auch
Sie Ihre Geschichte mit anderen Menschen teilen
wollen, dann senden Sie diese bitte als Manuskript
per E-Mail an:* Ulrich.Kellerer@t-online.de
Vielleicht erscheint sie in meinem nächsten Buch!

*Herzlich,
Ihr Ulrich Kellerer
Sommer 2018*